Anselm Grün

# Friede, Freude, Frust?

# ANSELM GRÜN

# FRIEDE, FREUDE, FRUST?

## Was für ein gutes Zusammenleben wichtig ist

Vier-Türme-Verlag

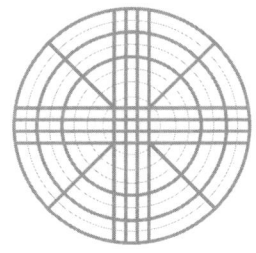

# Inhalt

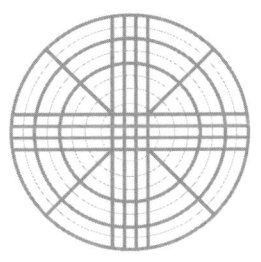

Einleitung

# Sehnsucht nach Gemeinschaft und Individualismus

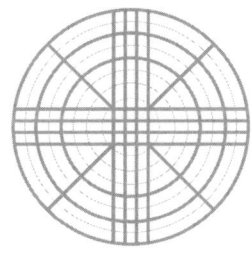

Wir leben in einer Zeit der Umbrüche. Auf der einen Seite sehen wir, dass viele alten Modelle von Gemeinschaft nicht mehr funktionieren: Kirchen und Parteien verlieren Mitglieder, aber auch viele Vereine, in denen sich früher viele Menschen zusammengeschlossen haben, um bestimmte gemeinsame Interessen zu verfolgen und Gemeinschaft zu erleben, haben heute Probleme, neue Mitglieder zu finden, während die alte Generation nach und nach wegstirbt. Offensichtlich interessieren sich junge Menschen nicht mehr für diese Art von Gemeinschaft. Sie finden hier nicht die Art des Miteinanders, nach der sie sich sehnen.

Auf der anderen Seite gibt es dennoch eine große Sehnsucht nach Gemeinschaft. Vielleicht war die Sehnsucht auch noch zu keiner Zeit größer. Sicher ist es heute durch das Internet viel leichter, miteinander in Kontakt zu treten und zunächst virtuelle Gemeinschaften aufzubauen. In diesen Interessensgruppen auf verschiedensten Plattformen erlebt man Zugehörigkeit, wenn auch auf ganz andere Weise als früher in einem Verein. Zudem gibt es neue Formen von Gemeinschaft, zum Beispiel Bürgerinitiativen oder andere, auf ein bestimmtes

Ziel gerichtete Zusammenkünfte. Oft sind es nur Bündnisse auf Zeit. Aber auch diese Gemeinschaften haben es nicht leicht. Häufig gibt es Konflikte, wenn man näher zusammenwächst. Dann werden die Meinungsverschiedenheiten schnell deutlich und nicht immer auf gute Weise ausgetragen. Oft stehen die zu hohen Erwartungen an die Gemeinschaft dabei im Wege. Wenn man zu viel erwartet, wird man umso mehr enttäuscht von der Realität.

Ein Hindernis, das bei der Bildung von Gemeinschaft heute im Wege steht, ist der zunehmende Individualismus: Menschen achten auf ihre Freiheit und auf die Erfüllung der eigenen Bedürfnisse. Es fällt ihnen schwer, sich auf andere und auf die Gemeinschaft einzulassen und sich in ihrer Freiheit zu beschränken. Auf der einen Seite ist der Individualismus eine Chance, dass die Gemeinschaft die Einzelnen nicht vereinnahmt, sondern sie freilässt. Auf der anderen Seite tun sich Individualisten schwer, sich an eine Gemeinschaft zu binden und sich ihren Strukturen unterzuordnen. Aber auch in einer Gemeinschaft von Individualisten braucht es Haltungen, die ein gutes Miteinander ermöglichen.

Trotz allem gibt es weiterhin die Sehnsucht nach Gemeinschaft. Das wird besonders deutlich in einer Krise, wie jüngst in der ersten Zeit nach dem Ausbruch des Coronavirus zu beobachten war. Dann entsteht plötzlich ein neues Miteinander, eine Solidarität mit den Betroffenen. Da bieten zum Beispiel Hausgemeinschaften den alten Mitbewohnern Hilfe an beim Einkaufen. Es ist also durchaus ein Gespür für das Miteinander da. Natürlich gibt es auch in der Krise Menschen, die nur an sich denken, ohne Rücksicht auf die anderen. Aber wir sehen eben immer beide Tendenzen: die Sehnsucht, Probleme gemeinsam zu meistern und Solidarität füreinander zu zeigen, und die Tendenz, nur für sich zu sorgen, ohne Rücksicht auf die Gemeinschaft oder die Gesellschaft.

Was von den verschiedenen Gruppierungen innerhalb der Gesellschaft gilt, das gilt auch für die Familien. Auch hier fällt es den Partnern oft schwer, Konflikte durchzustehen und miteinander um eine gute Gemeinschaft zu ringen. Die Erwartungen an den anderen sind häufig so hoch, dass man sich enttäuscht abwendet, wenn die Liebe einmal nicht mehr so stark ist. Man verwechselt die Liebe zu sehr mit einem Gefühl. Werte wie Treue und Durchhalten spielen für viele keine Rolle mehr.

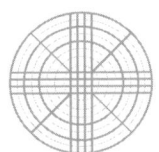

Wenn ich bei Kursen Einzelgespräche anbiete, dann kreisen die meisten inhaltlich um Beziehungsschwierigkeiten, um Probleme in der Partnerschaft, in der Familie, oder Konflikte im Unternehmen, in Vereinen oder Pfarrgemeinden. Offensichtlich ist es heute nicht mehr so leicht, Konflikte in der Partnerschaft durchzustehen oder mit Konflikten in den Vereinen und Firmen umzugehen. Auf jeden Fall suchen viele nach Hilfen, wie sie gut miteinander leben können.

Seit 1500 Jahren leben benediktinische Gemeinschaften zusammen. Hier findet man ganz sicher auch keine »heile Welt«. Aber sie halten es miteinander aus. Trotz der verschiedenen Charaktere vermögen sie offensichtlich, in einer guten Weise miteinander auszukommen. In der langen Tradition der benediktinischen Gemeinschaften haben sich Regeln und Haltungen herausgebildet, die das Gelingen des Miteinanders möglich machen. Vor allem aber verdanken die benediktinischen Gemeinschaften ihr jahrhundertelanges Bestehen der Weisheit der Regel, die der heilige Benedikt von Nursia für seine Mönche im 6. Jahrhundert geschrieben hat.

Daher möchte ich in diesem Buch Anregungen aus der Regel Benedikts und Erfahrungen aus meiner 55-jährigen Zugehörigkeit zu einer benediktinischen Gemeinschaft aufgreifen, die uns heute helfen könnten, miteinander zu leben und nicht gegeneinander. Die alten Weisheiten der Regel Benedikts könnten wie eine Zukunftsvision für uns sein, wie Gesellschaft heute funktionieren könnte, wie ein Miteinander in den verschiedenen Gruppierungen der Gesellschaft möglich wird. Dabei möchte ich in acht Punkten Aspekte eines gelingenden Miteinanders meditieren. Acht ist die Zahl der

Transzendenz. Eine Gemeinschaft genügt nie sich nur selbst. Sie ist immer offen für etwas, das sie übersteigt, für etwas, was ihr Sinn verleiht, aber auch für das Geheimnis Gottes.

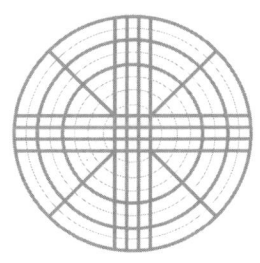

# Realitätssinn
# statt Idealisierung

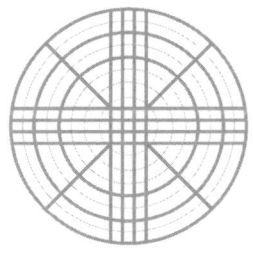

Am Beginn der benediktinischen Gemeinschaften standen sicher auch ideale Vorstellungen. Die Kirchenväter begründeten das Mönchtum als Gemeinschaft vor allem auf dem Vers aus Psalm 133,1: »Seht doch, wie gut es ist und wie schön, wenn Brüder beieinander wohnen in Eintracht.« Augustinus meint zu diesem Psalmvers: »Hat doch dieser Psalmtext, dieser süße Klang, diese sowohl für das Ohr wie für das Verständnis so liebliche Melodie auch die Klöster gegründet. Dieser Klang weckte Brüder, die den Wunsch hatten, miteinander zu wohnen« (Enarrationes in psalmos 132,2, zitiert in der Beuroner Ausgabe der RB, 16).

Ursprünglich waren die Mönche Einsiedler. Lukas beschreibt in der Apostelgeschichte ein idealisiertes Bild der Urkirche, aber gerade diese weckte in den Mönchen die Sehnsucht nach brüderlicher Gemeinschaft. Manche Theologen sprechen vom »Heimweh nach der Urkirche«, das hier zum Tragen kam. So stand zu Beginn der Mönchsgemeinschaften sicher das Ideal der Urkirche, das Lukas für die Urgemeinde in Jerusalem so beschreibt: »Alle, die gläubig geworden waren, bildeten eine Gemeinschaft und hatten alles gemeinsam. Sie verkauften Hab und Gut und gaben davon allen, jedem so viel, wie er nötig hatte. Tag für Tag verharrten sie einmütig im Tempel, brachen in ihren Häusern das Brot und hielten miteinander Mahl in Freude und Einfalt des Herzens. Sie lobten Gott und waren beim ganzen Volk beliebt« (Apostelgeschichte 2,44–47).

Das klingt sehr schön – und vielleicht nicht gerade realistisch. In der Apostelgeschichte finden sich auch genügend Situationen, in denen Konflikte aufgetreten sind und wo dieses Ideal nicht durchgehalten werden konnte. Da gab es Streit zwischen den mehr jüdisch orientierten Christen und den Hellenisten, die als Christen griechische Bildung genossen hatten. Doch trotz aller Konflikte machte man doch die Erfahrung, dass da ein neues Miteinander entstanden war, ein Miteinander von Männern und Frauen, von Juden und Griechen, von Armen und Reichen, von Jungen und Alten. Diese Erfahrung war für Lukas ein Zeichen, dass das Reich Gottes durch Jesus wirklich gekommen ist.

Auch wenn Benedikt das Ideal der Urkirche in Jerusalem vor Augen hatte, so erliegt er nirgends in seiner Regel der Versuchung, die Gemeinschaft der Mönche zu idealisieren. Im Gegenteil, er geht von täglichen Konflikten aus. Und er rechnet damit, dass manche Mönche sich ganz und gar nicht an die Regel halten, sondern aus der gewohnten Ordnung ausbrechen werden. So ordnet er an, dass der Abt am Ende der beiden Gebetszeiten

*Laudes* und *Vesper* laut das Vaterunser betet, »dass alle es hören können; denn immer wieder gibt es Ärgernisse, die wie Dornen verletzen« (Regel Benedikts 13,12). Das laut gebetete Vaterunser soll die Atmosphäre in der Gemeinschaft täglich reinigen. Benedikt weiß aber, dass es trotzdem täglich Trübungen des Miteinanders geben wird, dass die Brüder sich gegenseitig verletzen, dass sich manche Brüder übersehen oder übergangen fühlen. Benedikt weiß, dass die Gemeinschaft keine heile Welt ist. Die Reibereien können die Atmosphäre vergiften. Daher braucht es ein tägliches Ritual, um das Gift aufzulösen und die Trübungen zu klären.

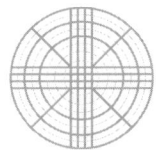

In den sogenannten Strafkapiteln der Regel schreibt Benedikt, es komme immer wieder vor, »dass ein Bruder trotzig oder ungehorsam oder hochmütig ist oder dass er murrt« (Regel Benedikts 23,1). Manche halten sich nicht an die Regel, lassen sich nicht von ihr einengen. In ihrem Hochmut stellen sie sich über die Regel und über die Gemeinschaft. Sie schauen auf die anderen Brüder herab, sie murren, sind unzufrieden mit sich und mit der Situation und kritisieren alles. Sie haben den Eindruck, dass die Gemeinschaft schuld ist an ihrer Unzufriedenheit. Aber sie stellen sich nicht der eigenen Realität.

Benedikt verurteilt das Murren scharf. Offensichtlich hat er es als echtes Problem in den Gemeinschaften erlebt. Murren bedeutet, die Schuld immer bei anderen zu suchen, die eigene Unzufriedenheit auf die anderen zu projizieren. Der Murrer fühlt sich als Opfer und weigert sich, selbst die Verantwortung für den Zustand der Gemeinschaft zu übernehmen. Das Murren vergiftet die Atmosphäre und spaltet die Gemeinschaft.

Das Murren ist auch heute in vielen Gemeinschaften ein Problem. Da gibt es in Firmen Menschen, die die Atmosphäre vergiften, indem sie hinter dem Rücken der anderen alles in der Firma kritisieren. Sie lassen kein gutes Haar am Chef, sie schimpfen ständig über die Kollegen. Die Murrer brauchen immer Mitläufer. Sie hetzen andere auf, vor allem gegenüber dem Chef oder den Führungskräften. Aber oft wird das Murren auch zum Mobbing gegenüber Mitarbeitern, die anders sind. Weil sie eben anders sind, schimpft man über sie.

Die Murrer üben Macht aus über die anderen. Wer sich nicht ihrer Meinung anschließt, wer sich nicht anpasst und nicht mitmurrt, wird ausgestoßen und lächerlich gemacht. Man nennt ihn einen Streber oder den Liebling des Chefs. Das geschieht nicht nur in Firmen, sondern fängt schon in der Schule an. Kinder können auch grausam sein und andere Kinder, die vielleicht bessere Leistungen bringen als sie, als Streber bekämpfen. Die Murrer, die in der Schule oder in einer Firma den Ton angeben, sind oft die, die in einer Gemeinschaft keinerlei Verantwortung übernehmen. Aber sie sind immer die ersten, die anderen Versagen oder Führungsschwäche vorwerfen.

Natürlich gibt es auch berechtigte Kritik an einem Unternehmen und seinen Führungskräften. Doch eine berechtigte Kritik bringt man immer offen vor, weil es dann darum geht, Dinge auch wirklich ändern zu wollen. Wenn ich aber mit meiner Unzufriedenheit die Atmosphäre vergifte, weil ich alles schlechtmache, dann verstecke ich mich hinter dieser Methode, bin ich nicht bereit, wirklich eine Konfrontation auszuhalten oder Lösungsvorschläge vorzubringen. Ich spreche hinter dem Rücken der anderen, aber nur in kleinen Gruppen, von denen ich weiß, dass sie meiner Meinung sind. Doch solche Gruppen können allen, die in einem Unternehmen arbeiten, den Job vergällen. Man kann es nicht richtig greifen und spürt nur, dass eine negative Stimmung herrscht.

Benedikt verlangt vom Abt, dass er murrende Brüder eine Zeitlang vom gemeinsamen Tisch und Gebet ausschließt. Das ist heute natürlich so nicht möglich. Aber es ist wichtig, dass man die Murrer isoliert. Die Isolierung kann nicht von oben, also von der Führungskraft ausgehen, sondern muss von der Gemeinschaft der Mitarbeiter ihren Anfang nehmen. Sie nehmen dem Murrer die Macht, wenn sie sich nicht anstecken lassen von seiner Unzufriedenheit, sondern ihn stattdessen damit konfrontieren, dass die Kritik an der richtigen Stelle vorgebracht werden sollte. Wenn der Murrer keine Mitläufer mehr hat, wird er irgendwann aufhören. Er spürt, dass er mit seinem Murren bei den anderen nicht ankommt, sondern sich selbst mehr und mehr isoliert.

Benedikt schärft dem Abt ein, dass er sich besonders um die Brüder kümmern muss, die sich verfehlt haben. Als Begründung gibt er das Wort Jesu an: »Denn nicht die Gesunden brauchen den Arzt, sondern die Kranken« (Regel Benedikts 27,1; vgl. Matthäus 9,12).

Der Abt soll wie ein weiser Arzt vorgehen und den Bruder, der sich verfehlt hat, trösten, »damit er nicht in zu tiefe Traurigkeit versinkt« (Regel Benedikts 27,3). Benedikt mahnt den Abt, sich immer bewusst zu machen, »dass er die Sorge für gebrechliche Menschen übernommen hat, nicht die Gewaltherrschaft über gesunde« (Regel Benedikts 27,6).

Daher hält er ihm das Bild des guten Hirten vor Augen. Wie Jesus soll er dem verirrten Schaf nachgehen und es auf seine Schultern nehmen, um es zur Herde zurückzutragen. Benedikt verlangt vom Abt, dass er das Laster des Murrens ausrotten sollte, aber er sollte wie ein guter Hirt auf die Murrer zugehen und in ihnen gleichsam verlorene Schafe sehen, Menschen, die sich selbst verloren haben, die nicht in Beziehung sind mit sich selbst und sich daher auf die Fehler der anderen fixieren. Der Abt soll die Murrer so führen, dass sie ihrer eigenen Wahrheit ins Auge schauen können.

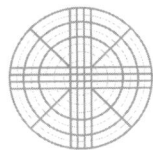

Viele Gemeinschaften haben hohe Ideale. Da preisen sich Firmen in ihren Leitbildern selbst in den höchsten Tönen. Oder Vereine beschreiben die hehren Ziele, die sie mit ihrem Verein verfolgen. Parteien verkünden ihr Programm mit großen Worten. Doch die Realität sieht oft ganz anders aus. Es gibt einen Grundsatz: Dort, wo ich den Mund zu voll nehme, gibt es viele Schattenseiten. Das führt häufig zu einem Zwiespalt, der für die einzelnen Mitglieder schmerzlich ist. Ich erlebe auch spirituelle Gemeinschaften, die von sich sagen, dass sie eine besonders tiefe mystische Spiritualität pflegen. Doch der tägliche Umgang miteinander zeugt vom genauen Gegenteil. Da ist vor lauter spiritueller Höhenflüge im menschlichen Verhalten keine Wärme und Liebe zu spüren, sondern nur Kälte und Arroganz. Innerlich ist man häufig zerstritten. Da gibt es die Fans des Leiters, die anderen Mitarbeitern keine Chance lassen.

Bei Führungsseminaren erlebe ich immer wieder, wie Führungskräfte darunter leiden, dass die Leitsätze der Unternehmen nur nach außen hin verkündet werden, aber die Realität innerhalb ganz anders aussieht. Von benediktinischen Gemeinschaften können diese Firmen lernen, sich zwar als Ziel zu setzen, Werte zu leben, sich aber zugleich auch der Realität zu stellen. Nur wenn ich mich der Wirklichkeit stelle, kann ich sie verwandeln. Sonst hängen die Werte und Leitbilder in der Luft.

Das gilt nicht nur für Unternehmen, sondern in gewisser Weise auch für Beziehungen. Hans Jellouschek hat als Psychotherapeut erkannt, dass für das Scheitern vieler Ehen neoromantische Vorstellungen verantwortlich sind. Man erwartet, dass man in der Partnerschaft immer Glück erfahren muss und immer eine große Nähe zum Partner oder zur Partnerin. Wenn es dann die täglichen Reibereien gibt, ist man enttäuscht und meint, die Ehe aufgeben zu müssen, weil sie das nicht bringt, was man sich von ihr erwartet hat. Jellouschek meint, die Ehe sei keine Glücksveranstaltung, sondern ein Übungsweg, auf dem man immer wieder Glück erfahren kann.

Ähnliches lässt sich gesamtgesellschaftlich beobachten: Wenn eine Gesellschaft zu sehr davon schwärmt, wie demokratisch sie ist, wie gerecht alles geordnet ist, wie gut die Infrastruktur funktioniert, dann gibt es sicher viele Schattenseiten. Häufig überdecken solche Lippenbekenntnisse dann auch nur den Unmut, der in der Bevölkerung herrscht. Das war zum Beispiel in der Zeit der Studentenrevolution von 1968 so: Nach außen hin hatte Deutschland sich von der Katastrophe des Krieges durch ungeheuren Fleiß zu einem wirtschaftlich blühenden Land hochgearbeitet. Aber die jungen Menschen spürten, dass unterschwellig etwas nicht stimmte. Viele hatten das Unrecht des Naziregimes verdrängt und waren innerlich erstarrt. Alexander Mitscherlich hat in seinem Buch »Die Unfähigkeit zu trauern« als Grund für diese Erstarrung die Weigerung genannt, das begangene Unrecht zu betrauern. Man hat die Augen davor verschlossen und sich mit Eifer dem wirtschaftlichen Aufbau gewidmet. Doch immer, wenn man sozusagen auf einem Auge blind wird, rächt es sich irgendwann. Das erleben wir gerade wieder in Deutschland: Lange Zeit hat man die Gefahr von rechts verharmlost. Man war sich einig, dass Rassismus und Antisemitismus zu verurteilen seien – was aber nicht bedeutet, dass es ihn in der Realität nicht gibt. Man hat sich ein Idealbild einer toleranten Gesellschaft gemacht. Doch dieses Idealbild ist spätestens mit dem Anschlag in Hanau und dem Tod des Regierungspräsidenten Walter Lübcke zerbrochen.

Jede Gemeinschaft hat auch durchschnittliche Seiten. Das gilt für Familie, Unternehmen und Gesellschaft. Wenn man diese Durchschnittlichkeit nicht betrauert, erstarrt man innerlich oder aber man sucht den Grund für die eigene Unzufriedenheit in den anderen. Viele Politiker sehen den Grund für die Probleme in ihrem Land in der Politik anderer Länder. Doch sie weigern sich, sich die eigenen Probleme wirklich einzugestehen. Es ist immer leichter, andere zum Sündenbock zu machen, als den Dreck vor der eigenen Türe wegzuräumen.

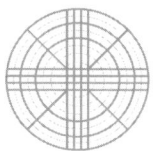

Es gibt noch eine andere Gefahr in dieser Hinsicht: Wenn Firmen oder Vereine sich selbst idealisieren, erzählen sie meistens von ihren Großtaten in der Vergangenheit oder eben von ihren hohen Idealen. Der Schweizer Psychotherapeut Carl Gustav Jung meinte einmal, alles, was lebendig ist, müsse sich wandeln. Das gilt für den einzelnen Menschen, aber genauso für eine Gemeinschaft. Als größten Feind dieser Verwandlung sieht Jung ein erfolgreiches Leben an: Wenn der Einzelne Erfolg hat, steht er in Gefahr, sich auszuruhen und dann innerlich zu erstarren. Das gilt auch für Gemeinschaften. Viele Unternehmen haben sich auf ihrem Erfolg ausgeruht und sind dann gescheitert. Ähnlich läuft es in Vereinen, Gewerkschaften und Parteien.

Wenn man sich zu sehr auf der Vergangenheit ausruht, erstarrt man und wundert sich dann, dass nichts mehr vorangeht. Ein Beispiel dazu sind die großen Volksparteien in Deutschland. Sie haben sich zu lange auf ihren Erfolgen in der Vergangenheit ausgeruht. Ihre Konzepte und Ideen haben Wohlstand gebracht. Und so meinen sie, sie könnten immer so weitermachen, die alten Konzepte nur etwas anpassen und moderner kleiden. Doch jetzt spüren sie, dass ihnen die Wähler davonlaufen, weil sie die Wandlung verpasst haben, die Herausforderung, sich an einen modernen und daher in vieler Hinsicht auch anderen Alltag ihrer Wähler anzupassen. Jede Partei muss sich wandeln, um lebendig bleiben zu können.

Verwandlung bedeutet jedoch kein planloses Ändern. Manche Firmen, Vereine oder Parteien spüren den Mitgliederschwund sehr deutlich. Sie versuchen, alles anders zu machen, doch dann verliert die Gemeinschaft ihre Identität. Verwandlung heißt: Ich würdige die Gemeinschaft so, wie sie geworden ist. Aber sie ist noch nicht die, die sie von ihrem Wesen her sein könnte. Das Ziel der Verwandlung ist, dass die Gemeinschaft immer mehr die wird, die sie von ihrer Geschichte und von ihrer ursprünglichen Vision her sein könnte.

Für Benedikt hängt das Gelingen von Gemeinschaft davon ab, dass der Abt sich um die schwachen und kranken Brüder kümmert. Das Gelingen einer Gesellschaft hängt daher davon ab, dass auch die Schwachen gehört werden. Das Erstarken des Rechtspopulismus hat sicher viele Ursachen. Da ist einmal das Minderwertigkeitsgefühl, das man durch einen übertriebenen Nationalismus zu überspielen sucht. Aber es hat seine Ursache sicher auch darin, dass man die Bedürfnisse der Schwachen überhört hat, die sich dann auf extreme Weise äußern. Wer sich ungehört fühlt, meldet sich oft auf ungehörige Weise zu Wort, damit man ihn endlich hört und ernst nimmt.

Benedikt hat in seiner Regel immer wieder die Demut betont. Demut kommt vom lateinischen Begriff *humilitas* und hängt mit *humus*, dem Wort für »Erde«, zusammen. Demut ist der Mut, sich der eigenen Erdhaftigkeit bewusst zu werden. Aber Demut gilt auch für die, die an der Macht sind. Daher fordert Benedikt vor allem vom Cellerar, dem Klosterverwalter, Demut.

Der Cellerar kann wie Politiker oder Firmenchefs nicht alle Erwartungen erfüllen. Aber Benedikt mahnt ihn, dass er den, der unvernünftige Forderungen stellt, nicht durch Verachtung kränkt, sondern er »schlage ihm die unangemessene Bitte vernünftig und mit Demut ab« (Regel Benedikts 31,7). Die Verantwortlichen sollen die Demut besitzen, sich auf den Schwachen und Bedürftigen einzulassen und ihnen auf gleicher Augenhöhe zu begegnen. Sie sollen nicht alles vom hohen Thron her regeln, sondern brauchen den Kontakt mit den Schwachen und Verletzten. Nur dann wird auf Dauer ein gutes Miteinander möglich.

Jede Gemeinschaft bietet uns immer zwei Erfahrungen an: die von Erfüllung und von Enttäuschung. Das gilt zum Beispiel für geistliche Gemeinschaften: Manchmal blitzt im Gottesdienst oder in einem Bibelgespräch oder in einem gemeinsamen Projekt, das gelingt, die heilende Nähe Gottes auf. Aber oft genug erleben wir auch Enttäuschungen. Wir denken, dass alle in der Gemeinschaft sich vom Geist Jesu leiten lassen. Doch dann merken wir, dass manche die Gemeinde als Ort benutzen, ihr Bedürfnis nach Macht auszuleben, oder dass sie im Miteinander schwierig sind und ihre neurotischen Lebensmuster das Miteinander stören.

Diese zweifache Erfahrung gilt aber für jede Gemeinschaft. Am Anfang hält der Verein, die Partei zusammen. Alle sind sich einig. Doch dann »menschelt« es. Auch in Vereinen oder Bewegungen, die sich dem Umweltschutz oder der Friedensbewegung verpflichtet wissen, entstehen Machtkämpfe. Vielleicht greift auch jemand in einem wohltätigen Verein in die Vereinskasse. Beides gehört zur Erfahrung in jeder Gemeinschaft. Da gibt es Parteitage, bei denen alle euphorisch sind und meinen, einen neuen Aufbruch zu wagen. Und dann endet es im Gerangel um die Posten in der Partei und in der Politik.

Für eine klösterliche Gemeinschaft gilt, dass uns beide Erfahrungen für Gott aufbrechen wollen. Denn es geht nicht nur darum, sich in der Gemeinde wohlzufühlen,

sondern sich vom Miteinander immer mehr auf Gott hin
öffnen zu lassen. Dazu gehören gerade die Enttäuschungen, die mich letztlich antreiben, mich immer mehr für
Gott aufbrechen zu lassen. In einer weltlichen Gemeinde, einem Verein oder einem Unternehmen können wir
dankbar sein für die erfüllenden Erfahrungen. Aber
auch die Enttäuschungen haben ihren Sinn. Sie bewahren uns davor, abzuheben und uns für besser zu halten
als alle anderen. Die Enttäuschungen dürfen uns nicht
lähmen, sondern sollen uns aufbrechen, dass wir für
neue Wege offen sind und uns ehrlich den Problemen
stellen. Gerade wenn wir in aller Demut und Ehrlichkeit
miteinander umgehen, kann ein gutes Miteinander entstehen.

Enttäuschungen gehören wesentlich zur Erfahrung von
Gemeinschaft. Manche jammern dann und fühlen sich
als Opfer einer Gemeinschaft, die gar nicht den Geist
Jesu widerspiegelt, sondern von Machtkämpfen und
Intrigen geprägt ist. Doch für Benedikt ist gerade die
Erfahrung der Enttäuschung eine Herausforderung, in
Gott den Grund für unsere christliche Existenz zu sehen
und nicht in einer idealen Gemeinschaft. Es zeugt vom
Realitätssinn Benedikts, dass er mit Enttäuschungen
rechnet. Sie zeigen, dass ich mich getäuscht habe mit
meinen Idealbildern. Ich bin letztlich Illusionen nachge-
laufen. Ich dachte, ich könnte Gott nur in einer idealen
Gemeinschaft erfahren. Doch Benedikt ist überzeugt:
Gerade in einer Gemeinschaft, die mich immer wie-

der enttäuscht, kann ich Gott erfahren. Ich verwechsle dann Gott nicht mit den guten Gefühlen, die mir eine Gemeinschaft vermitteln kann. Gute Gefühle können mich für Gott öffnen und mir Gotteserfahrung vermitteln. Aber ich darf diese Gefühle nicht mit Gott identifizieren. Gott ist jenseits aller Gefühle. Die Enttäuschungen zwingen mich, den Gott jenseits der Gefühle zu suchen.

Auch in weltlichen Gemeinschaften fühlen sich viele als Opfer. Sie haben sich voller Idealismus in einem Verein engagiert, der ein gemeinnütziges Ziel hat. Dann werden sie enttäuscht durch den Egoismus der Führungskräfte oder durch die Machtspiele unter den Vereinsmitgliedern. Der Sinn solcher Enttäuschungen besteht darin, die Beziehungen unter den Mitgliedern realistisch anzuschauen und mit Machtspielen zu rechnen. Dann kann man sich besser dagegen schützen. Manche werden dadurch so verletzt, dass sie aus dem Verein austreten.

Doch gerade die Enttäuschungen sollten ein Anlass sein, in aller Demut und mit einem realistischen Blick auf die Dinge miteinander darum zu ringen, die Ideale des Vereins mit den konkreten Menschen, die sich darin zusammengefunden haben, zu verwirklichen. Und sie sollten dazu anregen, selbst Verantwortung zu übernehmen, anstatt nur Zuschauer zu bleiben und die anderen zu kritisieren. Wenn man selbst Verantwortung in einer Partei, einem Verein, einem Unternehmen übernimmt, wird man von alleine demütig. Denn dann spürt man, dass man selbst, wenn man es noch so gut meint, andere enttäuschen und verletzen wird. Diese Erfahrung macht demütig und führt dazu, dass man mit anderen barmherziger umgeht und nicht zu hart über sie urteilt. Man wird erkennen, dass nirgendwo ideale Lösungen zu finden sind, sondern man mit Kompromissen leben und mit menschlichen Unzulänglichkeiten rechnen muss.

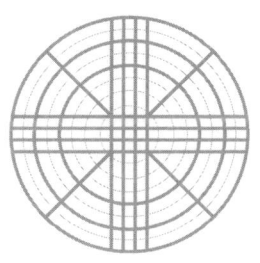

# Aushalten
# und Ertragen

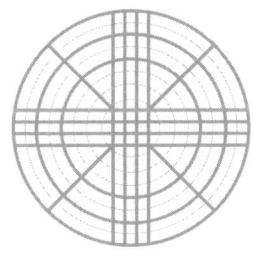

Damit eine Gemeinschaft miteinander leben kann, braucht es zwei Tugenden: Aushalten und Ertragen. Zunächst muss ich mich selbst aushalten. Manche Menschen haben als Kinder die Botschaft mitbekommen: »Mit dir kann es niemand aushalten.« Das haben sie dann oft verinnerlicht und meinen, dass sie irgendwie nicht richtig seien. Da ist der erste Schritt, sich selbst auszuhalten, sich anzunehmen, auch mit den eigenen Schwächen und Begrenzungen. Eine Hilfe kann dabei der Glaube sein: Gott nimmt mich bedingungslos an. Er hält mich aus, auch wenn ich mich selbst nicht aushalten kann. Bei Kindern habe ich erlebt, dass es für sie ganz wichtig ist, dass ein Engel sie begleitet und sie aushält, auch wenn die Eltern oder wenn sie sich selbst nicht aushalten können. Kinder können sich Engel konkret vorstellen. Sie schützen sie vor negativen Botschaften und ermöglichen es ihnen, dass sie zu sich Ja sagen können, auch wenn sie manchmal von sich selbst enttäuscht sind. Ein zehnjähriges Mädchen fragte mich einmal, ob der Engel sie wirklich nicht verlasse, auch wenn sie immer wieder böse sei. Als ich ihr antwortete, dass der Engel immer bei ihr bleibe und sie aushalte, auch wenn sie sich als böse erlebt, ging sie getröstet weg. Das Mädchen hatte offensichtlich andere Botschaften gehört: »Du bist schwierig. Mit dir hält es keiner aus.« Da war das Bild des Engels, der es aushält, heilsam.

Wir müssen aber nicht nur uns selbst aushalten, sondern oft auch Situationen, in die wir geraten sind, die wir uns aber nicht selbst ausgesucht haben. Das Leben ist nicht immer ein Wunschprogramm. Wie müssen manches meistern, um das wir nicht gebeten haben und das uns schwerfällt. Wir können aber nicht davonlaufen, sondern müssen es aushalten. Die Bibel spricht hier von *hypomone*. Das ist griechisch und meint »standhalten«. Ich laufe nicht davon. Ich bleibe in der Situation. Ich bleibe stehen. Von diesem Aushalten sagt Jesus: »Wenn ihr standhaft bleibt, werdet ihr das Leben gewinnen« (Lukas 21,19). Hier benutzt der Evangelist das Wort *hypomone*. Man könnte auch übersetzen: »Indem ihr die Situation aushaltet, werdet ihr eure Seelen gewinnen, dann wird euer Leben gelingen.« Benedikt fordert von seinen Mönchen, dass sie *stabilitas* geloben. Das bedeutet nicht nur, in der Gemeinschaft und am gleichen Ort zu bleiben. *Stabilitas* meint auch das tapfere Standhalten gegenüber Widerständen, wie sie das Leben uns oft bietet. Ich habe eine Frau erlebt, die häufig die Arbeitsstelle wechselte. Am Anfang war für sie immer alles wunderbar. Doch sobald es Probleme mit Mitarbeitern gab, kündigte sie wieder. Wenn sie jedoch nicht lernt, schwierige Situationen auszuhalten, wird sie nie länger eine

Arbeitsstelle innehaben. Das ständige Wechseln macht sie zudem nicht glücklich, sondern ruhelos und unzufrieden.

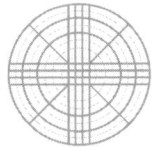

Benedikt hat in seiner Regel ein langes Kapitel über die Demut geschrieben. Dabei geht es um einen spirituellen Weg, Gott immer tiefer zu erfahren. Er teilt diesen spirituellen Weg in zwölf Stufen der Demut ein. Auf jeder Stufe kann man wichtige Erfahrungen machen, die einen für Gott aufbrechen. Bei der vierten Stufe kommt Benedikt auf das Aushalten widriger Umstände zu sprechen. Er beschreibt einen Mönch, der diese Stufe der Demut übt: »Er hält aus, ohne müde zu werden oder davonzulaufen, sagt doch die Schrift: ›Wer bis zum Ende standhaft bleibt, der wird gerettet‹ (Matthäus 10,22). Ferner: ›Dein Herz sei stark und halte den Herrn aus‹ (Psalm 27,14).« Das Aushalten schwieriger Situationen ist für Benedikt eine spirituelle Herausforderung. Es ist Zeichen einer Demut, die standhält und aushält, anstatt davonzulaufen. Und letztlich, so meint Benedikt, halte ich in schwierigen Situationen Gott aus. Ich laufe vor ihm nicht davon, der mir in dieser Schwierigkeit als unverständlich vorkommt.

Aushalten heißt aber nicht, passiv alles zu erdulden, sondern bedeutet auch, sich den Konflikten zu stellen, nicht vor ihnen davonzulaufen. Eine Gemeinschaft funktioniert nur, wenn sie gute Wege findet, Konflikte zu lösen. Dabei ist erst einmal wichtig, die Art des Konfliktes zu erkennen. Geht es um einen Zielkonflikt oder einen Verteilungskonflikt, um einen Interessenkonflikt, um einen kulturellen oder einen persönlichen Konflikt? Dann geht es darum, die Schwierigkeiten anzugehen. Jeder der Konfliktpartner sollte erst einmal seine Position darlegen, ohne dass die anderen ihn unterbrechen oder ihn bewerten.

Aushalten heißt, dass ich mein Gegenüber annehme, auch wenn er andere Interessen hat als ich. Im Anschluss gilt es, einen Weg zu finden, wie die Interessen der verschiedenen Parteien wertgeschätzt werden und wie man sie miteinander verbinden kann, sodass es keine Verlierer gibt, sondern jeder sich wahrgenommen fühlt.

Wenn ich einen Konflikt lösen will, muss ich aushalten, dass es verschiedene Interessen und Ziele und dass es persönliche Probleme gibt. Nur wenn ich mich den Problemen stelle, kann ich im Hören auf den anderen und auf meine eigenen Gefühle einen Weg finden, wie wir gemeinsam weitergehen können. Manchmal bleibt jedoch auch einer der beiden Konfliktpartner stur und ist nicht bereit, sich zu bewegen. Dann darf ich keinen faulen Kompromiss schließen, sondern muss es aushalten, dass dieser Konflikt besteht, ohne dass wir jetzt schon eine Lösung finden. Dieses Aushalten kann dazu führen, dass sich in den verschiedenen Konfliktparteien doch etwas bewegt und die Sehnsucht nach einer Lösung stärker wird, als sich im Streit gegenseitig aufzureiben.

In der seelsorglichen Begleitung erzählen mir Menschen immer wieder, dass sie in Situationen stecken, die für sie nur schwer auszuhalten sind. Und die erste Reaktion der Ratsuchenden ist dann immer: Ich kann nicht mehr. Ein Mann erzählte mir beispielsweise von seiner depressiven Frau. Wenn sie in einer solchen Phase steckt, kritisiert sie alles an ihm und macht alles schlecht. Der Mann weiß, dass das ein Zeichen ihrer Krankheit ist. Natürlich ist es nicht leicht, das auszuhalten. Und er kann das nur aushalten, wenn er die Hoffnung hat, dass sich bei seiner Frau etwas wandelt, dass die Depression besser wird. Er kann es nur aushalten, wenn er ihre verletzenden Worte nicht in sich eindringen lässt, sondern bei ihr lässt. Er schützt sich dann vor den verletzenden Worten, indem er sie als Unfähigkeit der Frau versteht, sich selbst anzunehmen.

Eine Frau erzählte mir, ihr Mann entwerte sie ständig. Sie weiß, dass er gerade in einer Krise steckt, weil es ihm auch beruflich nicht gut geht. Aber sie konnte diese ständige Entwertung nicht mehr aushalten. Natürlich gibt es Situationen, die einen auf Dauer überfordern. Da ist es auch legitim, auszusteigen. Sonst geht man zugrunde oder wird krank. Aber wenn sie die Hoffnung hat, dass der Mann seine Krise überwindet, dann wäre es gut, die Situation auszuhalten. Denn sie weiß dann: Ihr Mann projiziert einfach seine Unzufriedenheit und das eigene Gefühl der Wertlosigkeit auf sie. So kann sie hoffen, dass er wieder mehr Frieden in sich findet, sobald sich die Situation bei der Arbeit verbessert.

Ich kann in der Begleitung den Menschen nur Mut machen, schwierige Situationen auszuhalten. Aber ich respektiere es auch, wenn einer sich davon überfordert fühlt. Ich frage mich dann immer, wie es mir dabei gehen würde, ob ich die Kraft hätte, auszuhalten. Und ich frage mich: Was brauche ich, damit ich einen Konflikt, eine problematische Situation aushalte? Wenn ich mich selbst in die Situation hineindenke, kann ich auch angemessener auf die Nöte des Ratsuchenden reagieren. Ich bin dann nicht in Gefahr, von oben herab einen Ratschlag zu geben. Eine Hilfe ist für mich in solchen Situationen, dass ich diesen Menschen segne. Wenn ich allein bin, erhebe ich die Hände und stelle mir vor, wie der Segen Gottes in diesen Menschen eindringt. Ich will den anderen mit meinem Segen nicht verändern. Ich vertraue vielmehr darauf, dass er den anderen durchdringt und ihn in Berührung bringt mit seinem wahren Selbst, dass er in Einklang kommt mit sich selbst. Vielleicht braucht er dann das verletzende Verhalten nicht. Der Segen gibt mir Hoffnung, dass der andere sich wandeln wird.

Die Frage ist, warum sich heute viele Menschen schwerer tun als früher, harte Zeiten auszuhalten. Vielleicht hat es seinen Grund darin, dass viele Eltern versuchen, ihren Kindern alle Probleme abzunehmen oder sie für sie zu lösen. So nehmen sie ihren Kindern die Chance zu lernen, wie man Konflikte aushält und selbst nach Lösungen sucht, um mit dem Problem zurechtzukommen.

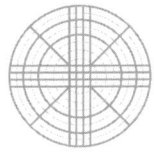

Zum Aushalten gehört auch, den anderen auszuhalten. Es ist beinahe systemimmanent, dass nicht alle Menschen in einer Gemeinschaft meinen Vorstellungen entsprechen oder mir gleich lieb sind. Ich kann versuchen, auch die für mich Schwierigen zu lieben. Das wird nicht immer gelingen. Aber ich kann zumindest versuchen, den anderen auszuhalten. Einfacher wird das, wenn ich mir bewusst mache, dass ich für die anderen auch nicht immer leicht auszuhalten bin.

Zum Aushalten gehört das Ertragen. Im 72. Kapitel, in dem Benedikt die wichtigsten Mahnungen für ein gutes Miteinander zusammenfasst, heißt es: »Die Brüder sollen einander in gegenseitiger Achtung zuvorkommen, ihre körperlichen und charakterlichen Schwächen sollen sie mit unerschöpflicher Geduld ertragen« (Regel Benedikts 72,4f). Benedikt hat hier die Mahnung des Paulus vor Augen: »Einer trage des anderen Last; so werdet ihr das Gesetz Christi erfüllen« (Galather 6,2). Und weiter erinnert er an die Stelle im Römerbrief: »Wir müssen als die Starken die Schwäche derer tragen, die schwach sind, und dürfen nicht für uns selbst leben« (Römer 15,1). Der Wüstenvater Johannes Cassian hat diese Stelle so kommentiert: »Niemals nämlich erträgt ein Schwacher den Schwachen, auch wird einen Kranken weder ertragen noch heilen können, wer an der gleichen Krankheit leidet. Vielmehr teilt derjenige dem Kranken die Arznei aus, der selbst nicht der Krankheit unterliegt« (Cassian Collatio 16,23). Daher ist es Aufgabe der Starken, die Schwachen zu ertragen. Allerdings geht es dabei nicht darum, dass sich die Starken über die Schwachen erheben. Paulus mahnt, dass keiner für sich allein lebt. Der Starke darf nicht für sich selbst leben, er lebt immer auch für die Schwachen. Das gilt auch umgekehrt: Die Schwachen leben ebenso für die Starken. Sie sind eine Herausforderung für die Starken.

In jeder Gemeinschaft gibt es Starke und Schwache. Beide sind aufeinander bezogen. Zudem kann man nicht immer genau trennen zwischen beiden. Denn manchmal werden auch die Starken schwach und die Schwachen zeigen Stärke. Die Starken dürfen sich daher nicht über die Schwachen erheben, sondern sollten die Schwachen als Spiegel sehen, in dem sie sich selbst erkennen. Denn jeder hat auch schwache Seiten.

Benedikt spricht in seiner Regel ebenfalls von Starken und Schwachen und dass sie aufeinander angewiesen seien. Vom Abt verlangt er, dass er bei der Leitung der Brüder immer das rechte Maß halte, »damit die Starken finden, wonach sie verlangen, und die Schwachen nicht davonlaufen« (Regel Benedikts 64,19). In diesem Satz steckt für mich eine große Weisheit. Die Gemeinschaft muss den Starken einen Raum schaffen, in dem sie ihre Stärken entfalten können, aber nicht für sich, sondern für die Gemeinschaft. Die Gemeinschaft darf die Schwachen nicht überfordern, sondern soll sie achten, sie aushalten und ihnen mit Respekt begegnen. Für Benedikt ist es ein wichtiges Kriterium für die Güte einer Gemeinschaft, wie sie mit den Schwachen umgeht. Wenn sie die Schwachen aussondert, sie als Last betrachtet, schadet sie sich selbst. Denn dann haben die, die den Schwachen am nächsten kommen, Angst, die nächsten zu sein, die man aussortiert. Eine Gemeinschaft trägt nur dann, wenn sie sich der Starken und der Schwachen annimmt. Das entspricht dem Geist Jesu. Das entspricht aber auch den Erkenntnissen heutiger Psychologie: Eine Gemeinschaft, die nicht auf die Schwachen achtet, übergeht ihre eigenen Schwächen. Denn die Schwachen halten der Gemeinschaft oft einen Spiegel vor. Wer glaubt, eine Gemeinschaft ausschließlich aus Starken führen zu wollen, wird sich wundern, dass nach und nach die Starken schwach werden.

Natürlich gibt es auch Grenzen für das Aushalten und Ertragen. Wenn ein Mitarbeiter das ganze Unternehmen durcheinanderbringt oder die Atmosphäre vergiftet, kann es auch notwendig sein, ihn zu entlassen. Benedikt fordert den Abt auf, alles zu versuchen, um den schwierigen Mitbruder zu heilen. Er handle »wie ein weiser Arzt. Er wende zuerst lindernde Umschläge und Salben der Ermahnungen an, dann die Arzneien der Heiligen Schrift und schließlich wie ein Brenneisen Ausschließung und Rutenschläge. Wenn er dann sieht, dass seine Mühe keinen Erfolg hat, greife er zu dem, was noch stärker wirkt: Er und alle Brüder beten für den kranken Bruder, dass der Herr, der alles vermag, ihm die Heilung schenkt« (Regel Benedikts 28,2–5). Man spürt aus diesen Mahnungen, wie sehr sich der Abt mühen soll, den schwierigen Mitbruder zu ertragen und dadurch zu heilen. Doch Benedikt rechnet auch damit, dass der Abt mit all seinen Bemühungen keinen Erfolg hat: »Wenn er·sich aber auch so nicht heilen lässt, dann erst setze der Abt das Messer zum Abschneiden an. ... Ein räudiges Schaf soll nicht die ganze Herde anstecken« (Regel Benedikts 28,6.8).

Dass das Ertragen Grenzen hat, gilt genauso für Mitarbeiter eines Unternehmens, für Vereinsmitglieder und für Beziehungen. In der Begleitung von Menschen staune ich oft, wie Ehepaare einander ertragen, obwohl der Partner schwer beeinträchtig ist. Ein Partner erleidet zum Beispiel einen Schlaganfall und ist halbseitig gelähmt. Der andere gibt seine Arbeitsstelle auf, um ihn zu pflegen. Er erträgt auch die Ungeduld des anderen, der sich schwertut, seine Krankheit anzunehmen. Denn er ist mitten aus einem erfolgreichen Leben herausgerissen worden. Es fällt ihm schwer, sich mit seiner Behinderung und Hilflosigkeit abzufinden. Und für den Partner ist es auch nicht einfach, den anderen zu ertragen. Aber er tut es aus Liebe. Vor so einer Liebe kann ich mich nur in aller Demut verneigen.

Ein Mann erzählte mir von seiner Frau, die an einer Zwangserkrankung leidet. Ihr Kontrollzwang wird für ihn oft unerträglich. Er kann kaum mehr etwas unternehmen, weil seine Frau sofort mit Ängsten reagiert. Er hat sie jahrelang ertragen. Aber jetzt ist er am Ende seiner Kraft. Er schafft seine Arbeit kaum mehr. Und wenn es so weitergeht, könnte er seine Stelle verlieren, weil er einfach nicht mehr die Leistung bringt, die von ihm erwartet wird. Er überlegt, ob er sich von seiner Frau trennen soll. Dann hat er jedoch mit Schuldgefühlen zu kämpfen. Er glaubt, dass er sich dann nicht verzeihen kann, dass er sie im Stich gelassen hat. Er spürt aber, dass er zusammenbrechen wird, wenn er bleibt. Im Gespräch kann ich ihm die Entscheidung nicht abnehmen. Ich kann ihm nur vermitteln, dass er seine Frau nicht aufgeben soll. Selbst wenn er sich trennt, kann er es in der Hoffnung, dass seine Frau alleine oder in einem betreuten Wohnen besser zurechtkommt als in der Partnerschaft. Doch die Entscheidung, ob er bleibt oder nicht, muss er vor seinem eigenen Gewissen treffen.

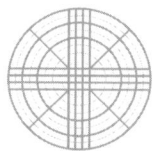

Auch ohne Krankheit gibt es in vielen Beziehungen manchmal unerträgliche Spannungen. In Gesprächen versuche ich immer gemeinsam mit den Partnern nach Wegen zu suchen, wie sie anders mit ihren Konflikten umgehen können, wie sie den anderen so annehmen können, wie er ist. Oft liegt es an der jeweiligen persönlichen Einstellung: Wir reiben uns am anderen, weil er unseren Vorstellungen nicht entspricht. Wir haben Erwartungen an ihn und sind enttäuscht, wenn er diesen nicht entspricht. Wenn wir ihn aber in seiner Einzigartigkeit akzeptieren, kann das Miteinander oft besser gelingen. Doch auch hier gibt es Grenzen des Ertragens. Wenn der eine sich gar nicht bemüht, auf den anderen einzugehen oder an sich zu arbeiten, wenn er meint, er sei immer im Recht, dann fällt es schwer, ihn auf Dauer zu ertragen. Wenn ich etwas ertrage, muss ich immer auch auf meine eigenen Kräfte achten. Habe ich Kraft genug, weiterzumachen, auch wenn sich beim anderen nichts ändert? Oft wächst beim Ertragen die Kraft, die ich dazu brauche. Es kann eine Hilfe sein, sich vorzustellen: Wenn ich in zehn Jahren mit meinem Partner zusammenlebe, welche Bilder kommen dann hoch? Habe ich dann das Gefühl von Dankbarkeit, dass wir es geschafft haben, diese Situation auszuhalten? Oder habe ich das Gefühl, dass ich dann völlig am Ende bin, unglücklich und überfordert? Natürlich kann man sich auch fragen: Wenn ich auf Gottes Hilfe vertraue, kann ich dann den anderen ertragen? Ist der andere für mich eine Chance, mich immer mehr für Gott aufzubrechen? Oder raubt er mir alle Freude am Leben und zerstört auch meine Beziehung zu Gott?

Eine Frau erzählte mir von ihrer Mutter, die nie aufbegehrt hatte, wenn der Vater sehr dominant war und sie manchmal verletzte. Sie hat es ertragen. Aber sie ist daran nicht zerbrochen. Als ihr Mann gestorben war, ist sie aufgeblüht. Da merkte die Tochter, dass ihre Mutter eine starke Frau war. Sie wusste: Es lohnt sich nicht, wegen jeder Kleinigkeit zu streiten. Sie hat sich nicht demütigen lassen, sondern ihren Mann ertragen, aber aus einer inneren Stärke heraus. Ertragen ist nie etwas rein Passives. Ich trage den anderen, weil ich die Hoffnung habe, dass sich in seinem Verhalten irgendwann einmal etwas wandelt. Es braucht dazu eine innere Stärke. Und es braucht ein Gespür für meine Grenze. Wo muss ich mich beispielsweise wehren, um meine Würde zu wahren?

Ein wichtiges Thema für Benedikt ist die Gemeinschaft als Ort der Selbsterkenntnis. Im Miteinander lernen wir uns genauer kennen. In unseren Reaktionen auf die Mitglieder in der Gemeinde erkennen wir unsere eigenen verdrängten Schattenseiten, weil wir im Miteinander immer ehrlicher mit uns selbst konfrontiert werden. Die Gemeinschaft ist eine Chance, sich selbst mit allen Talenten und Schwächen kennenzulernen. Hier kann ich den anderen nichts vormachen, mich nicht hinter einer Ideologie verstecken. Ich begegne den anderen so, wie ich bin, mit meinen unbewussten Bedürfnissen und Schattenseiten. So helfen wir uns gegenseitig, uns selbst immer ehrlicher vor Gott zu stellen. Wenn wir uns selbst erkennen, urteilen wir nicht so leicht über andere. Ein alter Mönchsvater wurde einmal gefragt, warum er nie über andere urteile. Da antwortete er: »Weil ich mich selbst kennengelernt habe. Da vergeht es mir, über andere zu urteilen.« Die ehrliche Selbsterkenntnis führt zur Demut. Und in dieser Demut erhebe ich mich nicht über die anderen, sondern lasse sie so sein, wie sie sind. Ich habe die Hoffnung, dass wir uns gegenseitig so herausfordern, dass wir aneinander wachsen und reifen.

Die benediktinische Tradition weiß, dass die Schwachen ein Spiegel sind für die Starken. Und die Starken tun gut daran, in diesen Spiegel zu schauen. Gerade die schwachen und die schwierigen Mitglieder einer Gemeinschaft haben die Aufgabe, der Gemeinschaft ihre Schattenseiten aufzudecken. Die frühen Mönche nennen den schwierigen Mitbruder, über den man sich ständig aufregt, einen Arzt, der uns nur die eigenen Wunden aufdeckt. Dorotheus von Gaza, ein Mönch aus dem 6. Jahrhundert, erzählt uns dazu eine schöne Geschichte: »Es kommt vor, dass du ruhig und friedlich auf der Zelle sitzest. Da kommt ein Mitbruder und es fällt ein kränkendes Wort. Du regst dich auf und bist der festen Überzeugung: wäre er nicht gekommen, hätte er mich nicht geärgert, dann wäre mir dieser Fehler erspart geblieben. – Selbsttäuschung! Er hat nur an deine schwache Stelle gerührt und dir gezeigt, wo du ansetzen musst, wenn es dir ernst mit der Tugend ist. Ich muss da an den Mistpilz denken. Außen rein und farbenschön birgt er unter der sauberen Hülle doch nur Unrat. Brich ihn entzwei, dann siehst du es. In gleicher Weise hast auch du vermeint, friedlich auf deiner Zelle zu sitzen. Aber du hattest, dir selbst unbewusst, die Leidenschaft in deinem Innern. Dein Mitbruder sprach das Wort und zeigte dir ihr Versteck. Sofern es dir nun um das göttliche Erbarmen ernst ist, bessere dich, läutere dich, schreite voran, und du wirst zur Einsicht kommen, dass du dem Mitbruder von Herzen dankbar sein musst, weil er dir zu dieser heilsamen Erfahrung verholfen hat« (Dorotheus von Gaza, Geistliche Gespräche 108). Wir sollen uns also nicht als Opfer fühlen, wenn uns ein anderer verletzt oder wenn wir es in unserem Verein mit vielen schwierigen Mitmenschen zu tun haben, die uns das Leben schwermachen. Wir sollen sie vielmehr als Herausforderung nehmen, immer mehr uns selbst zu erkennen. All das, was uns die Mitmenschen aufdecken, sollen wir dann im Gebet Gott hinhalten, damit Gottes Gnade und Liebe alles in uns verwandelt.

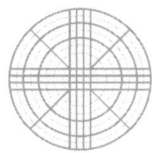

Die Frage ist, wie wir heute mit schwierigen Mitmenschen umgehen können, die uns das Leben schwermachen. Eine Hilfe kann es sein, wenn wir uns vorstellen, welche Kindheit dieser Mensch hatte. Denn keiner ist aus purer Lust schwierig, sondern immer aus einer inneren Not heraus. Oft genug wird der andere seine eigenen Verletzungen an mir ausagieren. So kann ich mich fragen: Wie verletzt muss dieser Mensch sein, dass er so oft andere verletzt? Welche Not steckt hinter seinem schwierigen Verhalten? Wenn ich mich in ihn hineinspüre, dann fühle ich mich nicht persönlich angegriffen durch sein Verhalten. Ich erlebe es als Darstellen seiner eigenen inneren Not. Ich beziehe sein Verhalten nicht auf mich, sondern nehme es als seine eigene Selbstoffenbarung. Natürlich hat auch das Ertragen solcher Menschen Grenzen. Ich kann dem anderen trotz seiner schwierigen Kindheit Grenzen setzen: »Ich möchte nicht, dass du so mit mir umgehst.« Oft merken es diese Menschen gar nicht, wie sie mit anderen reden, wie unmöglich sie sich ihnen gegenüber verhalten. Daher ist das Grenzensetzen keine Ablehnung des anderen, sondern es hilft ihm, aufzuwachen und zu erkennen, wie sein Verhalten auf andere wirkt. Eine andere Hilfe ist, das Verhalten des anderen mit Humor zu nehmen. Das entlastet und es eröffnet dem anderen die Möglichkeit, sich selbst von seinem Verhalten zu distanzieren und selbst mit Humor auf manche komischen Verhaltensweisen zu schauen. Es tut mir auch selbst gut, wenn ich den anderen nicht auf seine Schwierigkeiten reduziere, sondern mich frage: Was sind seine starken Seiten, seine angenehmen Seiten? Wenn ich mehr auf diese positiven Aspekte schaue, fällt es mir leichter, ihn anzunehmen. Und ich werde durch meine neue Sichtweise seine positiven Seiten verstärken.

Was die Mönche über den Umgang mit schwierigen Mitmenschen denken, das hat der griechische Mystiker und Kirchenvater Gregor von Nyssa (gestorben 394) in seiner Auslegung der achten Seligpreisung als Weisung

Jesu erkannt. Jesus sagt: »Selig, die um der Gerechtigkeit willen verfolgt werden, denn ihnen gehört das Himmelreich« (Markus 5,10).

Gregor interpretiert diesen Vers vom Sport her: Wenn du tausend Meter laufen willst, brauchst du ein paar Leute, die mit dir laufen, die dich verfolgen oder dir voranlaufen, damit du schneller wirst. Du musst nicht als erster im Ziel ankommen. Aber du brauchst andere, die dich antreiben. Nur dann wirst du alle Kräfte mobilisieren, um schneller ans Ziel zu kommen. Dieses Bild wendet Gregor auf die Menschen an, die uns verletzen oder bedrängen: Wir sollen uns nicht als ihre Opfer fühlen. Vielmehr können sie uns gar nicht schaden. Sie treiben uns mit ihrem ungerechten Tun nur an, dass wir schneller auf Gott hin laufen. Das ist eine positive Sicht auf die Herausforderungen durch schwierige Mitmenschen. Anstatt passiv in der Opferrolle zu bleiben, sollen wir aktiv darauf reagieren. Wir sollen uns von Menschen, die uns schaden wollen, auf Gott hin antreiben lassen.

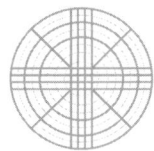

Was Benedikt und Gregor von Nyssa hier vom Aushalten schwieriger Menschen schreiben, das würde auch unserem gesellschaftlichen Zusammenleben guttun. In unserer Gesellschaft gibt es immer deutlicher die Tendenz, andere zu diffamieren, nur weil sie anders sind. Wir nehmen eine wachsende Polarisierung wahr: Wer anders ist, wird ausgegrenzt.

Die Frage ist, woher diese Tendenz kommt. Vermutlich entstammt sie einer inneren Unsicherheit und Orientierungslosigkeit. Man will sich nicht infrage stellen lassen durch Menschen, die anders sind als man selbst. Daher lehnt man sie ab. Denn wenn ich mich mit ihnen beschäftigen würde, müsste ich mich selbst infrage stellen. Ich müsste mich fragen, was meine eigene Identität eigentlich ausmacht, was meine Ansichten, meine Überzeugungen sind und worauf ich sie gründe. Doch da viele gar nicht wissen, wer sie selbst sind, müssen sie alles, was ihnen fremd vorkommt, ablehnen. Sonst werden sie dadurch noch weiter verunsichert.

Es ist ein Zeichen von Reife, wenn ich Menschen, die ganz anders sind als ich, annehmen kann. Und es gehört zu einer gesunden Kultur des Miteinanders, wenn wir fähig werden, auch Andersdenkende und Andershandelnde zu verstehen und sie zumindest zu tolerieren.

Für Benedikt ist es ganz wichtig, dass die Brüder einander ertragen. Sie dürfen sich nicht gegenseitig verurteilen. Vielmehr sollen sie »einander in gegenseitiger Achtung zuvorkommen« (Regel Benedikts 72,4). Wenn sie sich dennoch an manchen schwierigen Mitbrüdern stören, sollen sie das als Chance sehen, sich auf Gott zutreiben zu lassen. Die Gemeinschaft wird nie alle unsere

Wünsche erfüllen. Aber gerade die Enttäuschungen können eine Herausforderung sein, in Gott unseren Grund zu finden und nicht darin, sich irgendwo oder irgendwie wohlzufühlen.

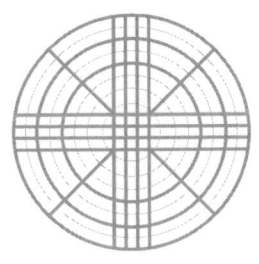

# Den anderen
# sein lassen

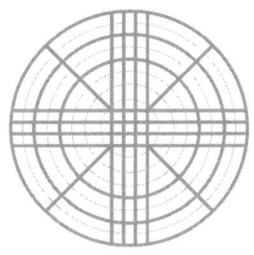

Eine Tendenz in unserer Gesellschaft ist, andere ändern zu wollen. Darin steckt letztlich eine Ablehnung des anderen: So, wie du bist, bist du nicht in Ordnung. Du musst ein anderer Mensch werden. Nur dann nehme ich dich an. Doch jeder Versuch, jemanden zu verändern, führt zu einer Gegenbewegung. Der andere fühlt sich abgelehnt und leistet Widerstand. In der christlichen Spiritualität geht es nicht so sehr um Veränderung, sondern eher um Verwandlung. Im Gegensatz zu Veränderung bedeutet Verwandlung, immer mehr ich selbst zu werden. Ich würdige mich so, wie ich geworden bin. Aber ich bin noch nicht, wer ich von meinem Wesen her sein könnte. Das gilt auch für die Verwandlung der anderen. Ich traue ihnen zu, dass sie sich wandeln. Doch dazu muss ich sie erst einmal bedingungslos annehmen. Nur, was wir annehmen, kann sich wandeln. Was wir ablehnen, bleibt an uns bzw. am anderen hängen.

In der Regel Benedikts geht es darum, die Einzelnen erst einmal sein zu lassen, wie sie sind. Nur dann kann ich ihnen gerecht werden. Im Kapitel über den Abt ermahnt Benedikt diesen, dass er sich auf jeden in seiner Eigenart einlassen soll: »Er muss wissen, welch schwierige und mühevolle Aufgabe er auf sich nimmt: Menschen zu führen und der Eigenart vieler zu dienen. Muss er doch dem einen mit gewinnenden, dem anderen mit tadelnden, dem Dritten mit überzeugenden Worten begegnen. Nach der Eigenart und Fassungskraft jedes Einzelnen soll er sich auf alle einstellen und auf sie eingehen« (Regel Benedikts 2,31f). Das bedeutet: Er muss jeden so annehmen, wie er ist. Nur dann findet er den richtigen Weg, mit ihm umzugehen. Wenn ich alle einer Norm unterwerfe, dann will ich einen Einheitsmenschen formen. Doch daraus entsteht keine Gemeinschaft. Gemeinschaft braucht die einzelnen Personen in ihrer Einmaligkeit. Natürlich darf ich meine Einmaligkeit auch nicht dazu missbrauchen, alles zu rechtfertigen, was ich tue. Ich muss mich als diese einmalige Person annehmen und mich gleichzeitig auf die Gemeinschaft einlassen und auch ihren Regeln und Vorgaben anpassen.

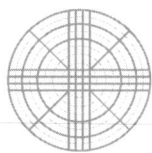

In der chinesischen Philosophie ist das Seinlassen eine zentrale Haltung. Nur, wenn ich den Baum sein lasse, kann er richtig wachsen. Wenn ich ihn ständig verpflanze oder ihm eine bestimmte Form aufdrängen will, wird er sich nie entwickeln. Das gilt auch vom Menschen. Ich muss ihn erst einmal sein lassen, wie er ist, ohne ihn ständig verändern zu wollen. Aber es braucht auch den Glauben an den anderen, dass er das Gute, das in ihm steckt, entfaltet. Sein zu lassen heißt nicht, sich einzurichten und stur auf dem zu beharren, was gerade ist. Es ist vielmehr die Voraussetzung dafür, dass sich etwas wandeln, dass etwas in uns heranwachsen und sich entfalten kann.

Laotse, der Begründer des Taoismus, hält das Seinlassen oder das Nichtwirken vor allem für die Führer eines Volkes für eine wichtige Haltung. So schreibt er: »Im Unergründlichen ist kein Wirken, und doch wirkt das Nichtwirkende alles. Wenn Fürsten und Könige sich ebenso von ihm bestimmen ließen, würde sich alles zum Besten gestalten« (Tao Nr. 37). An anderer Stelle lässt er einen Weisen sprechen: »Ich wirke nicht, so entfaltet sich das Leben in der Gemeinschaft von selbst. Ich bleibe in der Stille, so wird das Volk von selbst recht. Ich greife nicht in die Wirtschaft ein, so blüht das Volk von selbst auf. Ich bin ohne Begehr, so wird das Volk von selbst gesunden« (Tao Nr. 57).

Diese Worte klingen für uns übertrieben. Aber Laotse ist vor allem wichtig, dass wir von unserem Ego freiwerden, das immer etwas will. Letztlich meint er damit das, was Benedikt meint, wenn er Führen als Dienen versteht: Ich blähe nicht mein Ego auf, verzichte darauf, mich selbst darzustellen. Ich diene den Menschen. Ich versuche, das Leben, das in ihnen steckt, hervorzulocken. Für mich geht es darum, dass wir in unserer Geschäftigkeit und unserer Sucht, alles zu verändern, zu einer anderen Haltung gelangen: zu der der Gelassenheit, die auch nach Meister Eckehart eine zentrale Haltung des geistlichen Menschen ist. Gelassenheit meint in erster Linie, sein eigenes Ego loszulassen. Dann kann ich gelassen schauen, was wachsen will in den Menschen. Und ich kann das Leben in den anderen fördern, anstatt ständig auf das eigene Ego und den eigenen Erfolg zu schauen.

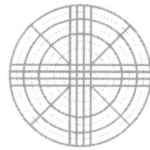

Die Gelassenheit und das Lassen des anderen, damit er in seine Gestalt hineinwachsen kann, gilt auch für die Kindererziehung. Eltern machen die Erfahrung: Wenn sie ihre Kinder ständig ändern wollen, dann leisten die nur Widerstand. Wenn sie sie aber erst einmal sein lassen und sie mit Wohlwollen und Hoffnung begleiten, dann entfalten sie sich immer mehr zu den einmaligen Menschen, als die Gott sie geschaffen hat. Sie werden immer mehr in ihre je eigene Gestalt hineinwachsen. Jemanden sein zu lassen bedeutet allerdings nicht, dass ich auch sein Verhalten immer sein lasse, also ihm alles durchgehen lasse. Die schwierigste Aufgabe von Eltern ist heute, Kindern einen angemessenen Umgang mit den neuen Herausforderungen, denen sie sich in einer globalisierten Welt gegenübersehen, beizubringen. Dabei braucht es auch Grenzen, die Eltern den Kindern setzen müssen. Aber die Grenzen beziehen sich auf die Rahmenbedingungen, unter denen ein Kind aufwachsen kann. Das heißt: Ich ändere die Bedingungen, aber ich ändere nicht den Menschen. Ich lasse ihn erst einmal sein und beobachte, was sich in ihm entwickelt. Dann kann ich an den äußeren Umständen etwas ändern. Ähnlich wie in der Natur: Wenn ein Baum nicht gut wächst, dann biege ich ihn nicht zurecht, sondern ich bearbeite den Grund, auf dem er steht. Ich dünge ihn und schaffe äußere Bedingungen, damit er sich entfalten kann.

Dass wir den anderen sein lassen sollen, hat in der Regel Benedikts eine spirituelle Grundlage, und zwar den Glauben an Christus im Mitmenschen: In jedem Bruder und in jeder Schwester sollen wir Christus sehen. Das bedeutet nicht, dass wir mit einer rosaroten Brille herumlaufen und meinen, alle seien lieb und nett. Es gibt in jeder Gemeinschaft auch Menschen, die schwierig sind oder sich manchmal vom Bösen leiten lassen. Doch wenn ich in jedem Christus sehe, lege ich ihn nicht fest auf sein destruktives Verhalten. Ich sehe durch die Fassade hindurch und glaube, dass er sich auf dem Grund seiner Seele danach sehnt, gut zu sein. Albert Görres, ein Münchner Psychiater, meinte einmal, niemand tue das Böse aus Lust am Bösen, sondern immer aus Verzweiflung. Das gilt auch für eine Gemeinschaft. Niemand ist aus Lust schwierig, sondern immer aus einer inneren Not heraus. Wenn ich an den guten Kern in jedem Menschen glaube, dann ermögliche ich es ihm, dass er selbst an sich glauben kann, dass das Gute in ihm stärker wird als die destruktiven Tendenzen in seiner Seele.

Der Glaube an Christus im anderen führt zu einer Haltung der Ehrfurcht voreinander. Der Religionsphilosoph und Theologe Romano Guardini hat über die Ehrfurcht als die Grundlage jeder menschlichen Kultur geschrieben: »In der Ehrfurcht verzichtet der Mensch auf das, was er sonst gern tut, nämlich in Besitz zu nehmen und für die eigenen Zwecke zu gebrauchen. Stattdessen tritt er zurück, hält Abstand. Dadurch entsteht ein geistiger Raum, in welchem das, was Ehrfurcht verdient, sich erheben, frei dastehen und leuchten kann« (Guardini, Tugenden 69). In Bezug auf den Menschen zeigt sich die Ehrfurcht in der Achtung vor dem Einzelnen: »Achtung ist das Elementarste, das fühlbar werden muss, damit Menschen als Menschen miteinander verkehren können« (Guardini, Tugenden 69).

Guardini spricht von der Achtung vor der Meinung des anderen. Auch wenn ich dessen Meinung bekämpfe, braucht es immer die Achtung vor dem, der sich zu dieser Meinung entschieden hat. Was vor allem unsere Achtung verlangt, ist die Privatsphäre des Einzelnen. Guardini schreibt schon 1963, was heute sicher noch viel stärker zu beobachten ist: »Überall wirkt ein Drang nach Veröffentlichung; eine Sucht, gerade das zu sehen, was zurückgehalten wird; eine Sensationsgier, die einen hässlichen Genuss darin findet, zu enthüllen, bloßzustellen, zu beschämen« (Guardini, Tugenden 70). Für ihn gilt: »Achtung ist die Gewähr dafür, dass die Beziehungen von Mensch zu Mensch ihre Würde behalten« (Guardini, Tugenden 71).

Was Guardini schon vor über fünfzig Jahren gesehen hat, gilt auch heute. Es geht darum, gerade auch in der politischen Auseinandersetzung oder in den privaten Diskussionen die Würde des anderen zu achten. Ich frage mich zum Beispiel, wodurch der andere zu dieser Ansicht gekommen ist. Und dann frage ich mich, wie ich die Dinge sehe. Aber ich bin mir immer bewusst, dass niemand die ganze Wahrheit besitzt. Unsere Ansichten sind immer nur ein Ausschnitt des Ganzen, niemand überschaut das Ganze auf einmal. Heute wollen viele nur ihre Ansichten durchsetzen. Sie hören gar nicht hin, wie der andere die Situation sieht. Aber gerade im Hinhören könnten sie ihre eigene Ansicht erweitern. Dann werden sie erkennen, dass sie auch einen begrenzten Blick auf die Wirklichkeit haben.

Das hat Benedikt schon berücksichtigt, wenn er schreibt, dass der Abt alle Brüder, gerade auch die jüngeren, zur Beratung einberufen soll. »Er soll den Rat der Brüder anhören und dann mit sich selbst zu Rate gehen. Was er für zuträglicher hält, das tue er« (Regel Benedikts 3,2). Benedikt geht also davon aus, dass der Abt nicht kraft seines Amtes schon alles weiß. Er soll auf die Meinungen der Brüder hören und dann auf die eigenen inneren Impulse, die in seinem Herzen auftauchen. Der Rat der Brüder ist jedoch wichtig, damit er sich beim Nachdenken nicht in seinen eigenen Lieblingsideen verstrickt, sondern offen ist für andere Lösungen. Im Anschluss gibt Benedikt nochmals eine Begründung für den Rat der Brüder: »Dass aber alle zur Beratung zu rufen seien, haben wir deshalb gesagt, weil der Herr oft einem Jüngeren offenbart, was das Bessere ist« (Regel Benedikts 3,3). Das ist ein fortschrittlicher Gedanke. In den Vorstandsetagen vieler Dax-Konzerne sitzen vorwiegend ältere Menschen. Jüngere werden da nicht gehört. Man sagt, sie hätten keine Erfahrung. Doch Benedikt rechnet damit, dass Gott selbst durch die Menschen zu uns spricht. Und er vermag uns gerade durch jüngere Menschen auf das hinzuweisen, was gut für uns ist. Er kann durch sie neue Perspektiven aufzeigen und die älteren Brüder von ihrer Betriebsblindheit befreien. Wenn ich daran glaube, dass Gott durch die Menschen spricht, gerade auch durch jüngere, entschärft sich der Generationenkonflikt. Es geht dann nicht darum, wer recht hat, sondern darum, was Gott durch die einzelnen Brüder und Schwestern, ältere wie jüngere, der Gemeinschaft sagen möchte.

Den anderen sein zu lassen ist auch eine wichtige Voraussetzung für das Gelingen einer Beziehung. In Gesprächen jammern die Menschen oft darüber, dass der Partner so ist, wie er ist. Die Frau beklagt sich über den Mann, dass er zu wenig spricht und dass er seine Gefühle nicht zeigen kann. Sie reibt sich daran, dass er so ist, wie er ist. Sie will ihn ständig ändern. Aber je mehr sie das möchte, desto mehr wehrt er sich dagegen. Er ist einfach ein stiller Typ und tut sich schwer, über seine Gefühle zu sprechen. Wenn ich ihn erst einmal sein lasse, wie er ist, und mich damit aussöhne, dann kann sich langsam etwas in ihm wandeln. Wenn er sich nicht unter Druck fühlt, fängt er vielleicht von sich aus an zu sprechen. Ein Mann regt sich über seine Frau auf, dass sie für seine Begriffe viel zu viel Zeit darauf verwendet, das Wohnzimmer schön einzurichten, Blumen zu kaufen, den Tisch schön zu decken. Er ist ein rationaler Typ. Für ihn ist das alles Zeitverschwendung. Doch dann möchte er seiner Frau seine eigenen Maßstäbe aufdrücken. Wenn er sie einfach sein lässt, dann wird sie zum Segen für die Familie. Und alle, die einen Blick dafür haben, werden sich über das Schöne freuen. Der Mann könnte auch lernen, seinen allzu rationalen Blick zu erweitern und den Sinn für das Schöne in sich zu wecken.

Es geht in der Partnerschaft darum, dass jeder sich entwickelt und sich auf den anderen einlässt. Aber diese Entwicklung wird nur dann gelingen, wenn ich erst einmal den anderen sein lasse, wie er ist. Das ist die höchste Form von Annahme. Ich nehme ihn an, wie er ist. Aber ich traue ihm zugleich zu, dass er an sich arbeitet, dass er sich wandelt und dass er immer mehr zu sich selbst findet. Dann wird er auch zum Segen für mich selbst und für die übrigen in der Familie. Wenn ich ihn aber ständig zurechtbiegen möchte, wird er unglücklich und in seinen Fähigkeiten blockiert.

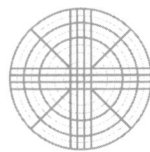

Dieser Grundsatz gilt auch für Unternehmen: Wenn ich einen einheitlichen Typ von Mitarbeitern erschaffen will, muss ich viele umformen. Ich werde dann ihrem Wesen und auch ihren Stärken nicht gerecht. Wenn ich sie aber sein lasse, dann traue ich ihnen zugleich zu, dass sie ihre Stärken zeigen und entfalten. Ich kann sie dabei unterstützen, ihre Stärken noch mehr zu entwickeln. Sein zu lassen heißt nicht, alles durchgehen zu lassen. Vielmehr vermittle ich anderen, dass in ihnen noch andere Verhaltensmöglichkeiten stecken. Ich will sie nicht ändern, sondern sie herausfordern, das, was in ihnen steckt, auch zu entfalten. Wenn ich sie lasse, sodass sie ihre Stärken entfalten, dann werden die Schwächen zurücktreten. Und ich werde mich nicht ständig daran reiben. Die Kunst des Führens besteht darin, dass ich mich freue über den Reichtum der Verschiedenheit. Gerade die verschieden strukturierten Mitarbeiter sind ein Segen für die Firma. Aber es braucht Klugheit und auch innere Weite, um die Verschiedenheit der Mitarbeiter anzunehmen und sie als Reichtum für die Firma zu verstehen.

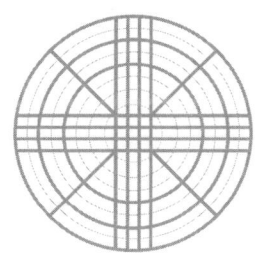

# Die Verschiedenheit
annehmen

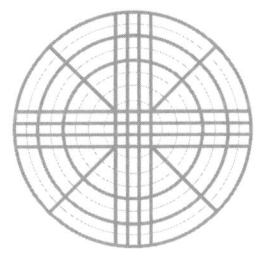

Wenn Gäste ein paar Tage bei uns im Kloster sind, dann stellen sie häufig die Frage: Wie schafft ihr es, miteinander in Frieden zu leben, wo ihr doch alle so verschieden seid? Sie spüren, dass die Mönche verschiedenste Menschentypen sind: kontemplative Denker, Schaffer, Künstler, bedächtige, stürmische und aufbrausende Mitbrüder. Die Kunst des Zusammenlebens besteht darin, die Verschiedenheit der Einzelnen zu achten. Und dann geht es darum, wie sich die so unterschiedlichen Menschen gegenseitig bereichern können.

Als ich Cellerar in unserem Kloster war, hatten wir jede Woche Verwaltungssitzung: der Abt, der Prior, der Subprior, der Cellerar und seine beiden Stellvertreter. Manchmal gab es Konflikte, weil die Interessen so verschieden waren. Die einen wollten das Problem möglichst schnell lösen, die anderen wollten es langsamer angehen. Dann besuchten wir eine Tagung zum Enneagramm. Das Enneagramm ist eine Persönlichkeitstheorie, die auf die alten Mönche des vierten Jahrhunderts zurückgeht. Es teilt die Menschen in neun verschiedene Typen ein. Jeder Typ hat Stärken und Schwächen. Da gibt es zum Beispiel den Einser, der alles sorgfältig prüft, den Zweier, für den vor allem die Beziehungs-ebene wichtig ist, und den Dreier, der gerne vorprescht und die Dinge möglichst schnell löst. In unserer Grup-pe waren diese drei Typen vertreten. Zudem ein Sech-ser, der darauf achtet, dass alles vor dem Gesetz richtig ist. Bei der Tagung wurde uns klar, dass jeder von uns eine wichtige Aufgabe hat. Ich bin eher ein Dreier, der die Dinge möglichst schnell erledigen will. Dann gab es noch zwei Einser in unserer Konstellation. Ich habe mich oft über sie geärgert, weil sie in meinen Augen alles komplizierter machten, als es war. Aber dann erkannte ich: Sie haben eine wichtige Funktion. Ich würde beim schnellen Erledigen der Aufgaben vieles übersehen. Das könnte dann zu unliebsamen Folgeerscheinungen füh-ren. Ihnen jedoch fielen diese Dinge auf, weil sie genau hinsahen. Nach der Tagung haben wir uns nicht mehr so oft gestritten. Wir erkannten: Jeder Einzelne hat in seiner Verschiedenheit eine Bedeutung für das Gremium und für die Gemeinschaft.

Ein Unternehmen, ein Verein, eine Gemeinschaft kann nur dann gut funktionieren, wenn sie die Verschieden-heit der Einzelnen anerkennt. Anstatt sich über den Charakter des anderen zu ärgern, weil er so ganz anders ist als meiner, könnte ich mich fragen: Was möchte er mir sagen? Was trägt dieser Mann oder diese Frau zur Gemeinschaft bei? Was wäre, wenn alle gleich wären? Wäre es da nicht langweilig? Wären wir da nicht blind? Wir würden immer die gleichen Lösungen anpeilen.

Aber wir wären nicht kreativ. Gerade indem wir die Verschiedenheit akzeptieren, können wir uns ergänzen und gemeinsam innovative Lösungen erarbeiten. Natürlich kann die Verschiedenheit auch zu einer Last werden, vor allem dann, wenn jeder seine Sichtweise als die bessere oder als die einzig richtige betrachtet. Es braucht die Offenheit für andere Perspektiven und den Glauben, dass jeder seine Aufgabe hat in dieser Gemeinschaft. Eine Verschiedenheit, die sich absolut setzt, kann die Gemeinschaft spalten. Doch wenn ein Raum der Freiheit herrscht, in dem die verschiedenen Typen ihre Stärken und ihre Schwächen einbringen können, entsteht ein lebendiges Miteinander. Dieses Miteinander kann man jedoch nicht ein für alle Mal besitzen. Es muss immer wieder neu erarbeitet werden.

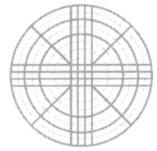

Angelus Silesius hat den Segen der Verschiedenheit in ein Bild gefasst: das der Vögel, die alle ihre eigene Stimme haben und doch miteinander ein wunderbares Konzert geben: »Ach, dass wir Menschen nicht wie die Waldvögelein, ein jeder seinen Ton, mit Lust zusammen schrein« (Cherubinischer Wandersmann I,265). Und: »Je mehr man Unterschied der Stimmen vor kann bringen, je wunderbarlicher pflegt auch das Lied zu klingen«

(Cherubinischer Wandersmann I,268). Die Verschiedenheit der Stimmen machen ein gutes Konzert aus, wenn man dabei aufeinander hört. So entsteht ein schönes Miteinander. Das gilt auch für die Gemeinschaft: Die verschiedenen Stimmen in der Gemeinschaft schaffen Lebendigkeit und Buntheit.

Der Apostel Paulus singt ebenfalls das Lob der Verschiedenheit und nutzt dazu eines der bekanntesten Bilder der Bibel, indem er Christus mit dem Leib, dem Körper vergleicht. Der Leib hat verschiedene Glieder. Sie ergänzen sich und stützen einander (1 Korinther 12,12–27). Paulus schreibt zudem von den verschiedenen Gaben: »Es gibt verschiedene Gnadengaben, aber nur den einen Geist. Es gibt verschiedene Dienste, aber nur den einen Herrn. Es gibt verschiedene Kräfte, die wirken, aber nur den einen Gott. Er bewirkt alles in allen« (1 Korinther 12,4f). Die verschiedenen Dienste und Aufgaben und die Verschiedenheit der Charaktere machen eine lebendige Gemeinschaft aus, so wie Paulus sich die Gemeinschaft der Christen in Korinth vorstellt.

Unsere Gesellschaft wird nur dann lebendig bleiben, wenn wir die Verschiedenheit der Menschen annehmen. Das beginnt bei ihren verschiedenen kulturellen Hintergründen. Sie machen die Gesellschaft bunt und bewahren sie davor, sich auf dem Althergebrachten auszuruhen. Dann gibt es verschiedene Berufs- und Interessensgruppen, die Alten und die Jungen, die Reichen und die Armen. Alle haben ihre Daseinsberechtigung und ihre ganz eigenen Bedürfnisse, aber auch Talente und Berufungen, die sie mit in die Gesellschaft einbringen. Die Gesellschaft wird gespalten, wenn die einzelnen Menschen nur die Mitglieder der eigenen Gruppierung achten und die anderen verachten. Das Miteinander gelingt nur, wenn alle aufeinander hören. Das Erstarken der Rechten in unserem Land hat unterschiedliche Ursachen. Aber eines ist sicher, dass viele das Gefühl haben, niemand würde sie hören, würde auf sie hören. Die Diakonie hat deshalb eine Kampagne gestartet mit dem Thema »Unerhört«. Sie möchte auf die Menschen aufmerksam machen, die unerhört und ungehört bleiben. Nur wenn auch die »Unerhörten« Gehör finden, wird es gelingen, sie in die Gesellschaft zu integrieren und so eine Spaltung zu vermeiden. Es ist eine Kunst, Verschiedenheit zu akzeptieren und so mit ihr umzugehen, dass die unterschiedlichsten Menschen sich gegenseitig bereichern.

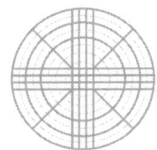

Um Verschiedenheit geht es auch in der Partnerschaft. Ein Sprichwort sagt, dass Gegensätze sich anziehen. Oft ist es gerade die Verschiedenheit, die Partner aneinander fasziniert. Wenn sie diese gelten lassen, kann es ein lebendiges Miteinander werden. Es wird nie langweilig. Natürlich gibt es auch Probleme, wenn beide zu verschieden sind, wenn sie ganz andere Hobbys haben und gar nichts mehr gerne zusammen tun. Die Kunst besteht darin, sich gegenseitig anzunehmen und zu ergänzen. Verschiedene Interessen dürfen sein. Aber es muss doch so etwas wie einen gemeinsamen Nenner geben, sonst wird es schwierig. Eine Frau erzählte mir, ihr Mann fahre nach der Arbeit mit seinen Freunden Fahrrad. Das Radfahren ist inzwischen schon eine Art Leistungssport. Und auch im Urlaub möchte der Mann immer mit seinen Freunden Radtouren machen. Sie selbst hat dann keinen Raum mehr, die gemeinsame Zeit fällt weg. Dann kann die Verschiedenheit auch eine Beziehung zerreißen.

Ich kenne ein Ehepaar, da ist die Frau ganz lebendig und voller Temperament. Der Mann ist eher ruhig und bedächtig. Sie sind ganz verschieden, aber sie ergänzen sich. Die Frau macht auch den Mann lebendig. Oft tut es der Frau aber auch gut, wenn der Mann sie etwas bremst und die Ruhe bewahrt. Die Frau kann sich leicht über etwas aufregen und sich in ihren Ärger hineinsteigern. Da ist es heilsam für sie, wenn der Mann sie wieder auf den Boden bringt mit seiner Ruhe. Sie machen sich ihre Verschiedenheit nicht zum Vorwurf. Sie wissen, dass der andere Pol, den der Partner lebt, auch ihr Leben bereichert. So hält sie ihre Verschiedenheit lebendig. In einer anderen Ehe regt sich die Frau ständig über ihren Mann auf, wenn der auf ihre Begeisterung oder auf ihr Schimpfen mit Ruhe reagiert. Die Ruhe des Mannes vermittelt ihr, dass er über ihr steht, weil er auch in schwierigen Situationen die Nerven behält. Das macht sie erst recht aggressiv. Man kann sich an der Verschiedenheit reiben. Oder man kann sie als Bereicherung anerkennen und schätzen.

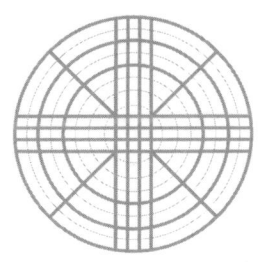

# Konzentration
# auf das Wesentliche

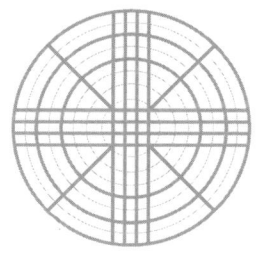

In vielen Unternehmen und Vereinen, aber eigentlich überall dort, wo Menschen miteinander umgehen, wird oft über Belanglosigkeiten gestritten. Man hakt sich fest an einzuhaltenden Regeln oder am Verhalten einzelner Mitglieder. Dagegen hilft, sich immer wieder auf das Wesentliche zu besinnen. Das Wesentliche hat verschiedene Aspekte. Zum einen geht es um die Frage: Was ist für uns wirklich wichtig? Was ist der Sinn unseres Tuns? Was ist das Wesen, was ist der Kern unseres Vereins, unserer Gemeinschaft? Worum geht es uns als Menschen im Tiefsten? Die Besinnung auf das Wesentliche verbindet eine Gemeinschaft miteinander. Das gilt auch für Familien. Auch da entzünden sich große Konflikte oft an Kleinigkeiten. Es hilft, sich immer wieder zu fragen: Was möchten wir mit unserer Familie, mit unserer Partnerschaft? Wozu sind wir angetreten? Was war der Traum, den wir miteinander begonnen haben? Was ist jetzt in diesem Augenblick wesentlich für uns?

Angelus Silesius schreibt: »Mensch, werde wesentlich! Denn wenn die Welt vergeht, so fällt der Zufall weg, das Wesen, das besteht« (Cherubinischer Wandersmann II,30). Das Wesentliche ist das, was bleibt. Das Wort

»Wesen« ist sozusagen eine Erfindung des Mystikers Meister Eckhart und wird erst seitdem im Deutschen gebraucht. Das Wesen ist das, was an einer Sache bleibt, was untrennbar mit ihr verbunden ist und sie zu dem macht, was sie ist. Das Wesen als das Bleibende überdauert auch den Tod. Wenn sich die Menschen in einer Gemeinschaft über das Wesentliche Gedanken machen, werden sie dadurch zusammengeführt. Denn das Unwesentliche und Banale vermag eine Gemeinschaft zu spalten. Das Wesen verbindet. Im Wesen sind wir Menschen alle eins miteinander. Da spüren wir die Einheit.

Im Lateinischen spricht man nicht vom Wesen, sondern von Essenz. Essenz kommt von *esse*, »sein«. Das Sein (*esse*) wird unterschieden vom Seienden (*ens*). Das Sein ist das, was allem zugrunde liegt. Essenz ist der eigentliche Kern, das Innerste eines Wesens, aber auch eines Unternehmens. Das kann an einem Beispiel deutlich werden: Jeder Mensch hat Lebensträume. Aber manchmal zerbrechen sie. Doch selbst wenn die konkrete Verwirklichung des Lebenstraumes scheitert, bleibt seine Essenz, sie kann nicht scheitern, sondern bleibt. Daher ist es gut, sich bei allen Brüchen im Leben immer wieder zu fragen: Was ist das Wesentliche, was ist die Essenz meines Lebenstraumes? Worum geht es mir in meinem Leben eigentlich? Diese Fragen gelten aber auch für jede Form von Gemeinschaft: Was ist die Essenz unserer Partnerschaft? Was hat uns zusammengeführt? Was hält uns? Was bleibt, auch wenn wir gerade einen Konflikt durchleben? Wenn wir uns mitten in einem Streit auf das Wesentliche besinnen, erkennen wir wieder eine gemeinsame Grundlage für unser Miteinander. So kann die Besinnung auf das Wesentliche uns immer wieder zusammenführen.

In einem Unternehmen wird häufig gestritten – weil es unterschiedliche Interessen gibt, weil man verschiedene Strategien zur Auswahl hat und jeder dazu seine ganz eigene Meinung. Manchmal sind es auch emotionale Konflikte, die hier aufbrechen: Zwei Mitarbeiter verstehen sich nicht. Jeder sieht im anderen das, was er bei sich selbst verdrängt hat. In all diesen Konflikten ist es heilsam, immer wieder innezuhalten und sich zu fragen: Was verbindet uns? Was ist das Wesen, das Eigentliche unseres Unternehmens? Wofür steht es? Was macht sein Wesen aus? Wenn man sich darüber einig ist, kann man die Konflikte leichter lösen. Denn dann findet man trotz kontroversesten Meinungen doch eine gemeinsame Grundlage, die trägt.

Das lateinische Wort *essentia* ist abgeleitet vom griechischen Wort *ousia*, das »Sein« bedeutet. Von Jesus heißt es, dass er *en exousia* gesprochen hat. Oft wird das übersetzt: Er hat mit Vollmacht gesprochen. Doch wörtlich heißt es: Er hat aus dem Sein heraus gesprochen. Er hat so gesprochen, dass das, was er gesprochen hat, als wirklich, als seiend erfahren wurde. In seinen Worten wurde das wahre Sein, wurde Gott spürbar, gegenwärtig, das Wesen Gottes wurde sichtbar. Wenn das wahre Wesen Gottes sich zeigt, dann werden alle falschen Bilder von Gott infrage gestellt. Im Sprechen aus dem Sein heraus wird auch das wahre Wesen des Menschen erfahrbar. Das Sprechen über das Wesen Gottes und des Menschen reizt den unreinen Geist eines Mannes in der Synagoge (Lukas 4,31–37). Er schreit Jesus an. Der besessene Mann hatte ein »unreines«, ein verdunkeltes und verfälschtes Bild von Gott und von sich selbst. Wenn Jesus aus dem Sein heraus spricht, dann werden alle Vorstellungen im Menschen, die diesem Sein widersprechen, ans Licht gezogen. Doch oft genug wehren wir uns wie der Mann mit dem unreinen Geist. Wir wollen unser wahres Sein, unser wahres Wesen nicht wahrhaben. Wir leben lieber in Illusionen. Jesus will uns zu unserer wahren Essenz führen. Das ruft unseren Widerspruch hervor. Wenn wir uns aber dem Wesen öffnen – so sagt diese alte Heilungsgeschichte –, werden wir heil und ganz, dann finden wir zu unserer Mitte und zu einer gesunden Einstellung uns selbst und Gott gegenüber.

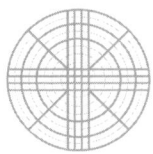

Noch ein anderer Aspekt wird im Begriff des Wesens, der essentia, der ousia, angesprochen: Das Sein steht im Gegensatz zum Haben. Gabriel Marcel, einer der einflussreichsten Vertreter des christlichen Existenzialismus, hat als erster den Gegensatz von Sein und Haben beschrieben. Nach ihm hat vor allem der Psychoanalytiker und Philosoph Erich Fromm in seinem Buch »Haben oder Sein. Die seelischen Grundlagen einer neuen Gesellschaft« über eine Kultur des Seins und des Habens geschrieben. Er meint: Die Haltung des Habens ist durch das Besitzen geprägt. Ich will etwas haben und meinen Besitz verteidigen. Das führt notwendig zur Abgrenzung gegenüber anderen. In vielen Gesellschaften hat das Pochen auf den eigenen Besitz auch eine Spaltung zur Folge: Reiche grenzen ihre Grundstücke mit hohen Mauern gegenüber denen ab, die weniger haben. Sie ziehen sich von der Gesellschaft zurück.

Die Haltung des Seins dagegen hat mit Leben und Erleben zu tun. Sein verbindet Menschen miteinander. Erich Fromm beschreibt den Haben- und Seinsmodus auf verschiedenen Gebieten: beim Lernen, Lesen, beim Wissen und Glauben und auch bei der Liebe. Wenn Menschen sich im Habenmodus lieben, wenn einer den anderen besitzen will, führt das zur Zerstörung der Liebe.

Lieben im Seinsmodus sieht anders aus: Ich lasse den anderen sein, wie er ist. So wird dauerhaft Gemeinschaft möglich. Man könnte grundsätzlich sagen: Das

Haben führt zu Interessenkonflikten. Das Sein verbindet. Denn wir haben alle teil am Sein, am Wesen, an der Essenz.

Die Konzentration auf das Wesentliche hat aber auch noch einen anderen Aspekt: dass wir nicht viel brauchen, um glücklich zu sein. Ein einfacher Lebensstil kann uns innerlich erfüllen. Dieser Aspekt hat vor allem die stoische Philosophie beschäftigt, und zwar auf zwei Ebenen: Da ist einmal die innere Einfachheit, ein Leben, das klar ist, ohne Nebenabsichten, auf der anderen Ebene ein einfacher Lebensstil. Wenn ich keine Nebenabsichten habe, kann ich auch einfach leben.

Der stoische Philosoph Poseidonios rühmt die Römer, dass diese wegen »der Einfachheit ihrer Lebensweise, ihrer Gerechtigkeit und Gottesfürchtigkeit« zur Weltherrschaft berufen seien. Diese Einfachheit ihrer Lebensweise gab ihnen offensichtlich die Kraft, die damalige Welt zu beherrschen und sie zu befrieden. Als die Römer dann zu immer größerem Reichtum gelangten und damit auch zu einem dekadenten Lebensstil, zerfiel das Reich.

Was der stoische Philosoph Poseidonios vor zweitausend Jahren sagte, das betonen heute Soziologen. Sie sind der Ansicht, dass Eliten eines Landes immer asketisch geprägt gewesen seien. Ein Zeichen dieser Eliten ist, dass sie ein einfaches Leben führen. Sie haben Ziele, die über sie hinausgehen. Daher brauchen sie die innere Freiheit,

die ihnen das einfache Leben schenkt, um sich für ihre
Ziele einzusetzen.

Ein einfacher Lebensstil ist heute für viele Menschen,
die bewusst leben, selbstverständlich geworden. Es ist
kein Zeichen von Armut oder Einfallslosigkeit. Vielmehr
hat ihr Leben eine eigene Qualität. Ihre anspruchslose
Schlichtheit führt zu Zufriedenheit und einer Schönheit und Klarheit des Lebens. Von diesem einfachen
Leben sagt Jean Paul: »Man kann die seligsten Tage haben, ohne etwas anderes dazu zu gebrauchen als blauen
Himmel und grüne Frühlingserde.« Einfachheit hat für
Jean Paul mit Seligkeit zu tun. Wer den blauen Himmel
und die grüne Frühlingserde genießen kann, für den ist
die einfache Lebensweise ein Weg zum wahren Glück.
Wer einen einfachen Lebensstil pflegt, fühlt sich immer
schon mit anderen verbunden. Er weiß, dass die Erde
und ihre Gaben für alle Menschen da sind, und nutzt sie
nur so, dass auch die nachfolgenden Generationen die
Möglichkeit haben, davon zu leben.

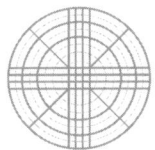

Die andere Bedeutung von Einfachheit meint eine innere Einheit. Die Einfachheit als inneres Einssein war in
der stoischen Philosophie ein zentraler Begriff. Vor allem Marc Aurel, der Philosoph unter den Kaisern, liebte

diesen Begriff. Er gebrauchte dazu das griechische Wort *haplotes*, das auch die Bibel häufig verwendet. Er war der Ansicht, im wahrhaft guten Menschen müsse »alles schlicht und voll Wohlwollen« sein. Einmal ruft er sich selbst zu: »Lass keine Unruhe in dir aufkommen, werde einfach!« Einfach zu sein heißt für Marc Aurel, ohne Nebenabsichten seine Aufgabe zu erfüllen, sich von den Leidenschaften nicht bestimmen zu lassen und frei von Illusionen zu sein. Der einfache Mann ist arglos. Er ist frei von Misstrauen gegenüber anderen. Auch der Philosoph soll keine komplizierten Sätze formulieren. Zeichen eines echten Philosophen ist vielmehr die Einfachheit: »Einfachheit und Bescheidenheit ist die Aufgabe der Philosophie.« Einfachheit ist aber vor allem das Ziel der Menschwerdung. Der wahre Mensch ist einfach und lauter, ohne Arglist und ohne Nebenabsichten. So ruft Marc Aurel aus: »Wann endlich, liebe Seele, willst du gut, einfältig (*haplous*), einig mit dir selbst und ohne Hülle durchsichtiger erscheinen als der dich umgebende Leib?« Die Einfachheit ist für ihn eines der höchsten Güter, um die er in seinem Leben ringt. Einfach ist der Mensch, der ganz und gar mit der Natur übereinstimmt und der frei ist von Leidenschaften. Der einfache Mensch ist einfach da. Er lebt in Übereinstimmung mit seinem innersten Wesen und mit Gott. Er ist aufrichtig und arglos, lauter und klar.

Ich kenne Familien, in denen beide Ehepartner durchaus gut verdienen. Aber sie leben einfach, haben einen einfachen Lebensstil. Da müssen die Kinder nicht das neueste Handy haben oder die Kleider der teuersten Modedesigner. Und auch bei der Urlaubsplanung stehen sie nicht unter dem Druck, jedes Jahr ein exotisches Ziel zu finden, damit die Kinder in der Schule vor den anderen damit angeben können. Sie fahren stattdessen jedes Jahr an den gleichen Ort, die Kinder freuen sich auf das Schwimmen im See und die schöne Landschaft. Wenn eine Familie einen einfachen Lebensstil pflegt, der nicht ärmlich sein muss, dann konzentriert sie sich auf das Wesentliche: auf die Beziehung zwischen Eltern und Kinder. Da geht es um gemeinsame Erlebnisse, gemeinsames Wandern und Spielen, gemeinsame Mahlzeiten und Gespräche. Das tut allen gut.

Ich habe mich gefreut, als ich meinen Großnichten zusah, wie sie mit einfachen Dingen, mit den Steinen am Weg, spielten. Sie ließen sich ganz auf den Augenblick ein und waren einfach da, im Einklang mit sich selbst. Wenn Kinder mit nichts zufrieden sind, weil andere ihnen in der Schule zeigen, was »man« alles haben muss, dann wird das Miteinander in der Familie schwierig. Wenn man das Wesentliche aus den Augen verliert, braucht es viel Unwichtiges, um den Mangel an Wesen auszugleichen oder zu verdrängen.

Einfachheit kann auch Klarheit bedeuten: Es ist klar, wie die Abläufe in der Familie sind, was die Kinder für die Familie einzubringen haben, wer wann beim Spülen oder Putzen mithilft, wann es Abendessen gibt. Diese Klarheit verbindet die Familie. Wenn jeden Tag neu diskutiert werden muss, wann und was es zu essen gibt, dann wird das Miteinander anstrengend. Die Einfachheit und Klarheit drücken sich in guten Ritualen aus. Die Kinder können darauf vertrauen, dass Vater oder Mutter diese mit ihnen einhalten. Das gibt ihnen Sicherheit und das Vertrauen, dass die Eltern für sie da sind.

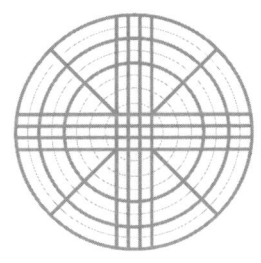

# Respektvoller Umgang
# mit den Dingen

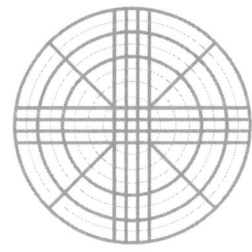

Benediktinische Spiritualität ist geerdet, das heißt, es geht nicht darum, die Welt als Ort von Plage und Mühsal hinter sich zu lassen, sondern in den irdischen Dingen und auch im Umgang mit sich selbst und anderen eine christliche Prägung deutlich werden zu lassen. Ob ein Mensch spirituell ist oder nicht, zeigt sich daher darin, wie er arbeitet und mit den Dingen des Alltags und mit der Schöpfung umgeht. Der Umgang mit der Arbeit und mit den Dingen dieser Welt berührt immer auch unser Miteinander. Wir können miteinander arbeiten oder gegeneinander. Wir verbringen täglich viele Stunden mit Arbeit. Sie kann uns zusammenführen, es kann uns Spaß machen, miteinander zu arbeiten. Oder zur Last werden. Dann erdrückt sie uns, wir fühlen uns nicht wohl dabei. Wie es uns damit ergeht, hängt nicht nur von der reinen Arbeit ab, sondern auch vom Klima, das bei der Arbeit herrscht, von der Atmosphäre im Unternehmen, in der Institution, in der wir arbeiten. Daher ist der benediktinische Leitsatz »*ora et labora*«, »bete und arbeite«, auch ein wichtiger Weg, wie wir heute gut miteinander leben und arbeiten können.

Jedes Unternehmen hat seine eigene Kultur der Arbeit und des Miteinanders. Wenn beispielsweise jeder gegen jeden arbeitet, entsteht eine Kultur des Neids und der Zwietracht. Aber nicht nur das Miteinander beeinflusst die Arbeit, sondern die Arbeit auch das Miteinander. Wenn ich mich bei meiner Arbeit ständig unter Druck setze, werde ich diesen auch an die anderen weitergeben. Wenn ich meine Arbeit missmutig verrichte, vergifte ich damit auch die Atmosphäre um mich herum. Für Benedikt ist die innere Verbindung von Gebet und Arbeit wichtig. Die Arbeit soll aus der Quelle des Gebetes strömen. Dann wird sie etwas Leichtes und Fließendes bekommen und den Charakter von Härte und Druck verlieren. Beim Arbeiten geht es um die gleichen Haltungen wie im Gebet: Hingabe, Demut, Liebe, Ehrfurcht.

Die Arbeit selbst soll zum Gebet werden. Das wird sie, wenn ich sie hingebungsvoll verrichte. Wenn ich mich ganz auf sie einlasse, mich ihr hingeb, oder mich dabei den Menschen hingebe, mit denen und für die ich arbeite, dann wird sie zur Fortsetzung des Gebetes. Es geht in Gebet und Arbeit um Hingabe, um Freiwerden vom Ego. Und es geht in beidem um Liebe. Es wird für andere spürbar, ob ich meine Arbeit liebe und ob ich die Menschen liebe, für die und mit denen ich arbeite. Die Liebe gibt der Arbeit einen anderen Geschmack. Für Benedikt ist die zentrale spirituelle Haltung die Demut. Im Gebet bedeutet Demut, dass ich mich Gott hinhalte mit allem, was in mir ist, auch mit meinen Schattenseiten, dass ich vor Gott spüre, wer ich als Mensch bin, wie weit ich hinter dem Bild zurückbleibe, das Gott sich von mir gemacht hat. Demut als *humilitas* verstanden bedeutet den Mut, hinabzusteigen in die eigene Erdhaftigkeit, in das, was C. G. Jung den Schatten eines Menschen nennt: der Bereich, in dem alle verdrängten Emotionen und Bedürfnisse liegen. Beim Arbeiten zeigt sich die Demut darin, dass ich hinabsteige zu den Dingen, mit denen ich mich beschäftige, dass ich in Berührung bin mit dem, was ich tue, mit den Menschen, mit denen ich spreche, und mit den Dingen, die ich bearbeite.

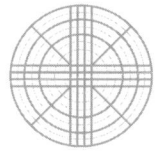

Benedikt verlangt von den Handwerkern, die im Kloster arbeiten, Demut: »Sind Handwerker im Kloster, können sie in aller Demut ihre Tätigkeit ausüben, wenn der Abt es erlaubt. Wird aber einer von ihnen überheblich, weil er sich auf sein berufliches Können etwas einbildet und meint, er bringe dem Kloster etwas ein, werde ihm seine Arbeit genommen. Er darf sie erst wieder aufnehmen, wenn er Demut zeigt« (Regel Benedikts 57,1–3). Hier wird eine wichtige Haltung sichtbar, denn Demut heißt: Ich lasse mich ganz auf die Arbeit ein. Ich tue sie, um damit anderen zu dienen. Aber ich bilde mir darauf nichts ein, weder auf das Geld, das ich damit verdiene, noch auf meine besonderen Fähigkeiten, die ich anderen beweisen möchte, noch auf meine Wichtigkeit. Viele machen den Wert ihrer Arbeit davon abhängig, wie viel Geld sie damit verdienen oder welche wichtige Position sie dadurch im Unternehmen innehaben. Manche wollen ihre eigene Wichtigkeit damit beweisen, dass sie andere warten lassen oder sie von sich und ihrer Arbeit abhängig machen. Dann sind sie nicht demütig. Sie lassen sich nicht auf ihre Arbeit ein, sondern benutzen sie, um ihre Macht zu zeigen oder ihre eigene Bedeutsamkeit zu betonen.

Auch die anderen beiden Haltungen, die Benedikt im Kapitel über die Handwerker fordert, haben Auswirkung auf das Miteinander in einem Unternehmen, aber auch in der Gesellschaft. Benedikt fordert, sie sollten darauf achten, »dass sie keinen Betrug begehen« (Regel Benedikts 57,4). Es gibt in jedem Unternehmen Mitarbeiter, die mit ihrer Arbeit glänzen wollen, erledigen sie aber schlampig. Dann müssen häufig die Kollegen ausbaden, was diese hinter ihrer schönen Fassade an Fehlern versteckt haben. Manche Unternehmen halten mit ihren Produkten auch nicht, was sie versprechen, was bei den Kunden zu Ärger und Unzufriedenheit führt. Manche haben sogar den Eindruck, betrogen zu werden. So entsteht in der Gesellschaft ein Graben zwischen Produzenten und Konsumenten, zwischen den häufig sehr mächtigen Firmen und den ohnmächtigen Verbrauchern. Letztere trauen den Anbietern nicht mehr. Das führt zu Aggressionen und Misstrauen.

Die dritte Haltung, die Benedikt von den Handwerkern fordert, ist die Freiheit von Habsucht: »Bei der Festlegung der Preise darf sich das Übel der Habgier nicht einschleichen« (Regel Benedikts 57,7). Manche Firmen setzen auch heute die Preise nicht entsprechend dem Wert ihrer Produkte fest, sondern entsprechend ihres Einflusses auf dem Markt. Vor allem, wenn Unternehmen das Monopol auf ein Produkt haben, können sie den Preis im Prinzip so hoch ansetzen, wie es ihnen durchsetzbar erscheint, und in keiner Weise am Warenwert orientiert. Dabei ist das Marketing, das Anpreisen des Produktes, oft wichtiger als die Sorgfalt, mit der es hergestellt wird. Natürlich gibt es heute auch das Gegenteil. Unternehmen verkaufen ihre Waren eine Zeitlang besonders günstig, um die Preise der Konkurrenz zu unterbieten, ihr zu schaden und sie manchmal sogar in die Insolvenz zu treiben. Das hat Benedikt mit seiner Anregung, die klösterlichen Waren billiger zu verkaufen, sicher nicht gemeint. Für ihn war die innere Freiheit von der Habgier das entscheidende Motiv.

Alle drei Haltungen – die Demut, die Freiheit von Betrug und von Habgier – haben als Ziel: »damit in allem Gott verherrlicht werde« (Regel Benedikts 57,9). An der Art der Arbeit wird also sichtbar, ob Gott verherrlicht wird oder ob der Mensch sich in den Mittelpunkt stellt, ob er die Arbeit nur für sich und sein Image oder seinen Verdienst benutzt. Eine Arbeit, die Gott verherrlicht, zieht andere an. Man beobachtet gerne jemanden, der hingebungsvoll arbeitet, mit Demut, frei von Betrug und Habgier, und arbeitet auch gerne mit solchen Menschen zusammen. Die Arbeit, in der Gott verherrlicht wird, schafft eine gute Gemeinschaft, sie steckt an. Dann arbeiten viele Menschen gerne miteinander. Die gemeinsame Arbeit ist ein wichtiges Bindeglied für eine Gemeinschaft, ob Familie, Verein, Partei, Bündnis oder eine ganze Gesellschaft.

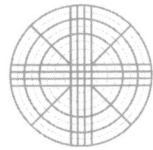

Eine wichtige Bedingung, dass Menschen gut miteinander leben können, ist der behutsame und achtsame Umgang mit den Dingen. Vom Cellerar verlangt Benedikt: »Alle Geräte und den ganzen Besitz des Klosters betrachte er als heiliges Altargerät« (Regel Benedikts 31,10). Er soll also auch mit den »weltlichen Dingen« wie ein Priester umgehen. Das versteht Benedikt unter dem allgemeinen Priestertum. Unser Priestersein bezieht sich nicht nur darauf, dass wir das Heilige in uns hüten. Es zeigt sich auch darin, dass wir mit allen weltlichen Dingen wie mit etwas Heiligem umgehen. Denn alles, was ist, ist von Gottes Geist durchdrungen. Daher gehört der sorgfältige Umgang mit den Dingen zur benediktinischen Spiritualität.

So verlangt Benedikt von den Brüdern, die den Wochendienst in der Küche verrichtet haben: »Wer den Wochendienst beendet, besorgt am Samstag die Reinigungsarbeiten. Sie waschen die Tücher, mit denen sich die Brüder Hände und Füße abtrocknen. Wer den Wochendienst beendet und wer ihn antritt, wäscht allen die Füße. Die Geräte des Dienstes gibt er dem Cellerar zurück, und zwar in sauberem und gutem Zustand« (Regel Benedikts 35,7–10).

Der achtsame Umgang mit den alltäglichen Dingen hat für Benedikt immer auch etwas mit Solidarität zu tun. Ich gehe sorgfältig mit den Geräten um, damit es der Nächste so benutzen kann wie ich zuvor. Insofern ist der achtsame Umgang mit den Dingen ein Akt der Nächstenliebe. Das weiß jeder in einer Familie und in einer Wohngemeinschaft. Wenn einer dem anderen das Auto oder das Fahrrad schmutzig überlässt, gibt es Streit. Wenn einer die Küche unaufgeräumt oder das Bad dreckig hinterlässt, gibt es – zu recht – Ärger. Der gute Umgang mit den Dingen ermöglicht auch ein gutes Umgehen miteinander.

Bei manchen Demonstrationen erleben die Angestellten der Stadtreinigung, dass die Demonstranten zwar für

Frieden oder Umweltschutz auf die Straße gehen, aber dann aggressiv auf Menschen reagieren, die ihre Ansichten nicht teilen, oder Müllberge hinterlassen. Es ist ihnen egal, wer hinter ihnen aufräumt. Die Nichtachtung der alltäglichen Dinge hat auch die Nichtachtung der Menschen zur Folge, die damit umgehen (müssen).

Benedikt beschreibt gerade im sorgfältigen Umgang mit den Dingen und im Achten auf deren Wert das, was wir heute unter einem achtsamen Umgang mit der Schöpfung verstehen. Dieses Achten auf die Dinge und ihren Wert ist für Benedikt eine Folge der Mystik der Schöpfung, wie sie Evagrius Ponticus (345–399) beschrieben hat. Die Mystik hat ihren Kern darin, in den Dingen Gottes Geist zu erfahren und Gottes Schönheit wahrzunehmen.

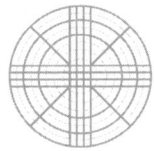

Papst Franziskus schreibt in seiner Umweltenzyklika »Laudato si«, dass der Umweltschutz immer auch eine soziale Dimension hat. Die Ausbeutung der Natur ist immer auch Ausbeutung der Armen. Wenn Menschen mit der Natur nicht gut umgehen, gehen sie auch mit ihren Mitmenschen nicht gut um. Kranke Bäume führen so irgendwann zu kranken Menschen. In der Ausbeutung der

Natur tobt sich ein uneingeschränkter, rücksichtsloser Egoismus aus.

Theoretisch ist das vielen Menschen klar. Aber unser Verhalten ist noch weit von diesen Einsichten entfernt. Hans Jonas hat sein philosophisches Hauptwerk »Das Prinzip Verantwortung« genannt. Er meint, dass wir nicht nur für die Folgen unseres Handelns verantwortlich sind, sondern dass wir auch vorausschauend Verantwortung für diese Welt übernehmen müssen, das heißt, wir müssen bei all unserem Tun und bei unseren Entscheidungen immer daran denken, was das für die Zukunft bedeutet. Hans Jonas stellt für unser Verhalten folgenden Grundsatz auf: »Handle so, dass die Wirkungen deiner Handlung verträglich sind mit der Permanenz echten menschlichen Lebens auf Erden.« Die jungen Menschen, die in der Bewegung »Fridays for future« für den Klimaschutz demonstrieren, erinnern uns an diese Verantwortung, die wir für die Zukunft unserer Welt haben. Dieser Verantwortung werden wir gerecht, wenn wir achtsam mit den Dingen umgehen und sie nicht achtlos wegwerfen. So denke ich beim achtsamen Umgang mit den Dingen nicht nur an die Zukunft, sondern auch an die Menschen, mit denen ich in dieser Welt lebe und die mit mir die Dinge dieser Welt teilen. Ich respektiere die Menschen, indem ich die Dinge behutsam behandle.

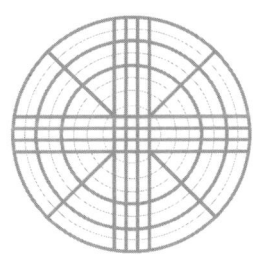

# Vergeben
und Verzeihen

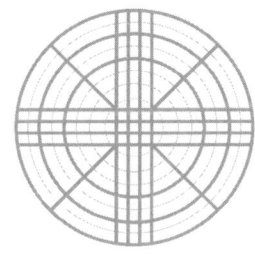

Eine Gemeinschaft kann nur dann gut zusammenleben, wenn ihre Mitglieder bereit sind, Fehlverhalten zu verzeihen. Ohne Vergebung rechnen wir dem anderen immer weiter auf, was er uns Böses getan hat. Und so finden wir uns im Recht, auch ihm zu schaden. Doch damit wird ein gutes Miteinander unmöglich. Das, was nicht vergeben wird, belastet die Gemeinschaft.

Benedikt rechnet damit, dass auch die Mitbrüder im Kloster sich gegenseitig verletzen. Daher braucht die Gemeinschaft die Vergebung. Denn sonst wird sich rächen, wer verletzt wird, und den anderen seinerseits verletzen. Diesen Teufelskreis will Benedikt durchbrechen. So schreibt er im Kapitel über Laudes und Vesper, das Morgen- und Abendlob der Mönche: »Die Feier von Laudes und Vesper gehe niemals zu Ende, ohne dass am Schluss der Obere das Gebet des Herrn von Anfang an so spricht, dass alle es hören können; denn immer wieder gibt es Ärgernisse, die wie Dornen verletzen. Wenn die Brüder beten und versprechen: ›Vergib uns, wie auch wir vergeben‹, sind sie durch dieses Wort gebunden und reinigen sich von solchen Fehlern« (Regel Benedikts 13,12f).

Das laut gesprochene Vaterunser mit der Vergebungsbitte reinigt gleichsam die Atmosphäre in der Gemeinschaft. Und sie fordert die Mönche auf, einander zu vergeben. Die Gemeinschaft kann nur in Frieden zusammenleben, wenn die Einzelnen bereit sind, einander zu vergeben.

Was Benedikt für seine Mönche fordert, gilt für jede Gemeinschaft. Es gibt keine Beziehung, ohne dass sich die Partner gegenseitig verletzen. Oft genug geschieht das ohne Absicht. Man merkt erst, wenn der andere verletzt reagiert, dass man nicht sensibel war für seine Situation. Oft verletzen wir andere, weil wir unsere eigenen Verletzungen, die wir in der Kindheit erfahren haben, weitergeben. Der Psychoanalytiker Albert Görres meinte einmal, das Böse, das wir einem anderen antun, sei oft das Begleichen alter Rechnungen bei den falschen Schuldnern.

Ein anderer Grund, dass wir andere verletzen, sind die Lebensmuster, die wir in uns tragen. Die Psychologie spricht davon, dass jeder ein verletztes Kind in sich trägt. Da ist in mir zum Beispiel das von den Eltern übersehene Kind. Als Erwachsener habe ich den Eindruck, dass mein Mann oder meine Frau mich nicht wirklich sieht, mich nicht genügend wahrnimmt. Das übersehene Kind in mir reagiert besonders empfindlich, wenn es sich auch heute nicht ausreichend gesehen fühlt. Mein Partner will mich aber nicht absichtlich verletzen. Ich fühle mich nur verletzt. Ein anderes Beispiel: Eine Frau wurde als Kind von ihrem Vater immer kontrolliert. Wenn sie nach Hause kam, hat der Vater sie ausgefragt, was sie getan hat und wo sie war. Als Erwachsene erlebt sie, dass ihr Mann abends nach Hause kommt und voller Anteilnahme fragt: »Wie war dein Tag heute? Was hast du gemacht?« Es ist eigentlich eine Frage aus Liebe und Interesse. Aber die Frau erlebt es als Kontrolle. Und schon fühlt sie sich verletzt. Wenn wir dem anderen diese Art von Verletzung nicht zum Vorwurf machen, sondern gemeinsam schauen, was da eigentlich abläuft, dann lernen wir uns immer besser kennen. Und wir lernen, den anderen so zu lieben, wie er wirklich ist. Wir lieben nicht mehr das Bild, das wir uns von ihm gemacht haben, sondern diesen konkreten Menschen. Bei solchen Verletzungen werden zudem die eigenen Selbstbilder entlarvt. Wir brauchen dem Partner nicht mehr zu imponieren, sondern können uns in unserer Verletzlichkeit zeigen. So kann die Liebe immer stärker und wahrhaftiger werden.

Andere Verletzungen entstehen, wenn Konflikte nicht offen und ehrlich ausgetragen werden. Zum Beispiel, wenn einer der beiden Partner in der Kindererziehung großzügiger ist, was das Einhalten der Schlafenszeiten oder das Arbeiten für die Schule angeht. Es ist normal, dass daraus Konflikte entstehen. Entscheidend ist, ob die Partner ehrlich und offen mit dem Konflikt umgehen und ihn auf faire Weise zu lösen versuchen, oder aber ob sie ihn bzw. die Kinder dazu benutzen, den anderen bewusst zu verletzen. Das gilt auch für andere Situationen, in denen man bewusst den anderen missversteht oder missachtet, weil man sich selbst gerade nicht gut fühlt oder verletzt wurde und dann die schlechte Laune am Partner auslässt. Aus einer kleinen Verletzung wird dann eine große Wunde. Da braucht es die Vergebung, damit der Teufelskreis von Verletztwerden und Verletzen durchbrochen wird. Doch wie kann die Vergebung gelingen?

Für mich sind es immer fünf Schritte, die dazu nötig sind, dass Vergebung gelingt:

## 1

Der erste Schritt ist, den Schmerz und die Verletzung wirklich wahrzunehmen. Gerade in einer Beziehung möchten manche die Verletzung gar nicht wahrnehmen, sie meinen, sie sei nicht so schlimm. Oder sie entschuldigen sie sehr schnell mit irgendwelchen Ausreden: der andere ist gerade schlecht gelaunt. Er hat heute einen schlechten Tag. Damit ich verzeihen kann, muss ich aber zugeben: Das hat mir jetzt wehgetan. Ich muss meinen Schmerz würdigen. Sonst kann er nicht verwandelt werden.

## 2

Der zweite Schritt der Vergebung ist die Wut. Das bedeutet nicht, dass ich den anderen anschreie. Die Wut ist vielmehr die Kraft, mich von ihm zu distanzieren. Allerdings ist das in einer Partnerschaft nicht so leicht. Ich will ja eigentlich Nähe zum Partner. Aber die Aggression ist die Kraft, mich jetzt von der Verletzung zu distanzieren. Die Aggression will mich schützen, damit ich die Verletzung nicht zu tief in mich eindringen lasse. Ich spüre mich selbst. Und indem ich mich selbst spüre, kann ich mich von der Verletzung distanzieren.

## 3

Der dritte Schritt ist, objektiv wahrzunehmen, was eigentlich geschehen ist. Dann kann ich nach Gründen fragen: Hat der andere gerade seine eigene Verletzung weitergegeben? Hat das verletzte Kind in ihm reagiert? Oder hat er meine empfindliche Stelle getroffen? Hat er es gar nicht so gemeint? Oder ist er gerade überfordert und hat seine Gereiztheit an mir ausgelassen? Bei diesem Schritt versuche ich zu verstehen, was geschehen ist. Verstehen heißt nicht entschuldigen. Aber wenn ich den anderen und mich selbst mit meiner Reaktion verstehe, kann ich zu mir stehen. Ich höre auf, mich selbst zu beschimpfen, dass ich so empfindlich bin, oder den anderen zu beschimpfen, dass er so gemein zu mir ist.

## 4

Der vierte Schritt ist dann die eigentliche Vergebung. Wobei vergeben nicht nachgeben bedeutet, eben nicht meint, dass der andere mich verletzen kann, so oft er will. Das wäre ein passives Nachgeben und tut nicht gut. Vergeben ist ein Akt der Befreiung. Ich befreie mich von der negativen Energie, die durch die Verletzung in mir ist. Ich reinige mich von meiner Bitterkeit. Und ich befreie mich von der Macht des anderen. Wenn ich nicht vergeben kann, bin ich immer noch an ihn gebunden. Ich kreise ständig um ihn. Vergeben heißt: weggeben. Ich lasse die Verletzung beim anderen. Ich werde nicht mehr von seinen Worten beherrscht. Die Frage ist allerdings, wie nach der Vergebung die Beziehung zum anderen aussieht. Durch die Vergebung kann die Beziehung intensiver werden: Wir haben beide gespürt, wie empfindlich wir sind. Wir haben uns auch mit unseren negativen Emotionen und mit der Tendenz, den anderen zu verletzen, kennengelernt. Das macht uns beide demütig. Und so können wir aufs Neue aufeinander zugehen. Es kann jedoch auch sein, dass ich zwar vergeben habe, dem anderen aber noch nicht ganz vertrauen kann. Wenn mich der Partner zum Beispiel betrogen hat, kann ich ihm das vergeben. Aber ich kann ihm nicht gleich wieder vertrauen. Das Vertrauen wird mir nur möglich sein, wenn der andere wirklich seinen Fehltritt bereut und wenn ich spüre, dass er es ernst damit meint.

Wie die Beziehung nach der Vergebung sein könnte, das sagen mir mein Leib und mein Gefühl. Ich sollte also auf mein Gefühl hören: Kann ich dem anderen wieder vertrauen? Oder brauche ich mehr Abstand? Das gilt auch bei der Verletzung durch Kollegen am Arbeitsplatz oder durch Freunde. Wenn mich ein Arbeitskollege verletzt hat, dann heißt Vergebung, dass ich die Verletzung beim anderen lasse und sie ihm nicht nachtrage. Aber es kann durchaus sein, dass ich künftig etwas vorsichtiger ihm gegenüber sein werde. Vielleicht sagt mir auch mein Gefühl, dass ich seine Nähe meiden sollte. Aber ich habe dann trotzdem vergeben. Ich kreise nicht mehr um die Verletzung. Ich lasse sie beim anderen.

Eine Frau erzählte mir, dass ihr Vater sie sexuell missbraucht habe. Sie hatte eine lange Therapie gemacht. Am Ende hatte sie den Eindruck, dass sie dem Vater nun vergeben könne. Sie besuchte ihn, um ihm das zu sagen. Doch kaum war sie im Haus, musste sie sich erbrechen. Sie war enttäuscht über sich selbst und klagte sich an: »Ich habe ihm doch nicht vergeben!« Ich antwortete ihr: »Doch, Sie haben ihm vergeben. Die Vergebung ist vielleicht auch schon vom Kopf ins Herz gerutscht, aber noch nicht im Leib angekommen. Ihr Leib sagt Ihnen, dass Sie die Nähe des Vaters noch nicht ertragen können. Sie können jedoch hoffen, dass Ihnen irgendwann auch der Leib die Erlaubnis gibt, die Nähe des Vaters wieder zuzulassen.«

5

Der fünfte Schritt ist, die Wunden in Perlen zu verwandeln. Dieses Bild stammt von Hildegard von Bingen. Was ist damit gemeint? Was Hildegard beschreibt, gilt natürlich vor allem für die Wunden, die wir in der Kindheit erlitten haben. Dort, wo wir verletzt worden sind, sind wir auch aufgebrochen worden, damit wir uns auf den Weg machen. Wir können andere Menschen jetzt besser verstehen. Die Verletzungen, die ich in der Partnerschaft erlebe, sind jedoch nicht vergangen. Sie geschehen immer wieder und tun immer wieder von Neuem weh. Ich kann sie nur als Chance sehen, dass ich mich nicht mit scheinbarer Ruhe und Sicherheit in der Beziehung einrichten kann. Die Verletzungen, die wir erfahren, halten uns lebendig, dass wir immer wieder neu an unserer Beziehung arbeiten. Und sie brechen mich auf, dass ich mich ehrlich meiner eigenen Wahrheit stelle, meiner Verletzlichkeit, meiner Empfindlichkeit. Sie fordern mich heraus, dass ich mich auf den Weg mache zum Grund meiner Seele. Dort kann mich niemand verletzen. Dort ist der Raum, in dem Gott in mir wohnt. Oder, wie Jesus sagt: »Das Reich Gottes ist in uns« (Lukas 17,21).

Dort, wo Gott in mir herrscht, können Menschen nicht über mich herrschen. Dort können sie mich auch nicht verletzen. So sind die Verletzungen auch eine Chance, immer tiefer in den Grund meiner Seele einzutauchen und hier einen Zufluchtsort zu finden, an dem niemand mich zu entwerten oder zu kränken vermag.

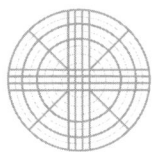

Die Vergebung, von der Benedikt in seiner Regel schreibt, bezieht sich auf die zwischen einzelnen Mitbrüdern. Auch die Vergebung als Grundlage für ein gutes Miteinander in der Gesellschaft vollzieht sich zunächst zwischen einzelnen Personen. Menschen, die nicht bereit sind, anderen zu vergeben, vergiften die Atmosphäre in der Gesellschaft. Denn die Feindschaft bleibt nicht nur zwischen Einzelnen. Sie zieht automatisch größere Kreise. Wenn in einem Unternehmen der Chef nicht bereit ist, einem Mitarbeiter, der ihn verletzt hat, zu vergeben, dann leiden alle darunter. Wenn zwei Mitarbeiter sich nicht vergeben, werden sie Gruppierungen bilden und ihren Zwiespalt in das Unternehmen hineinbringen.

In unserer Gesellschaft gibt es allerdings auch Gruppen, die andere Gruppen verletzt haben. Ja, es gibt Staaten, die andere Staaten verletzen. Deutschland hat zum Beispiel unter der Naziherrschaft das ganze Volk der Juden zutiefst verletzt. Daher war und ist es notwendig, dass die führenden Politiker der Bundesrepublik diese Schuld immer wieder eingestanden und sich beim Volk Israel entschuldigt haben für das, was ihre Vorfahren ihren Vorfahren angetan haben. Viele jüdische Politiker haben daraufhin geantwortet, sie seien bereit zu vergeben, aber nicht zu vergessen. Dieses Unrecht darf auch nicht vergessen werden. Dann würde es nur verdrängt. Aber die Vergebung ist die Bedingung, dass Völker auf Dauer miteinander in Frieden leben können.

Auch in Deutschland und Frankreich gab es nach dem Krieg Politiker, die bereit waren, das Unrecht zu vergeben, das sich beide Länder in der Vergangenheit angetan hatten. Diese Vergebung auf höchster Staatsebene hatte zur Folge, dass auch die Bewohner dieser Länder bereit waren, zu vergeben. Aber es braucht Zeit, bis die Vergebung nicht nur in die Köpfe, sondern auch in die Herzen vorgedrungen ist.

Auch innerhalb eines Landes gibt es immer wieder Gruppen, die andere Gruppen verletzen. So wurden jahrhundertelang Frauen durch Männer verletzt. Fremde wurden und werden immer noch verletzt. Da braucht es auf der einen Seite das, was Alexander Mitscherlich »das Betrauern« nennt: Das Unrecht muss ausgesprochen, angeschaut und betrauert werden. Dann wird Vergebung möglich. Ohne das Betrauern – so meint Mitscherlich – erstarrt eine Gesellschaft. Das Aufdecken des Unrechts, das Betrauern und die Vergebung sind die drei wichtigsten Voraussetzungen dafür, dass eine Gesellschaft in Frieden leben kann und dass neue Aufbrüche möglich werden.

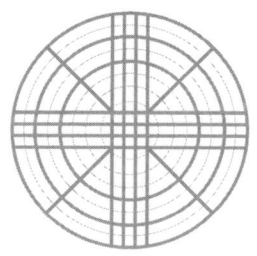

# Einssein

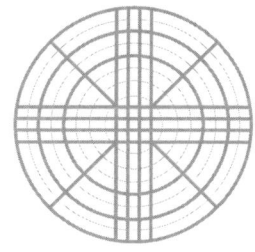

Die griechische Philosophie war geprägt von einer tiefen Sehnsucht nach Einssein und Einheit. In der äußeren Welt erfuhren die Menschen schon damals Vielheit und Vielfalt – und damit häufig auch Zerrissenheit und Uneinigkeit. Die Philosophie ging daher dem Gedanken nach: Es muss doch neben dem Vielerlei auch das Eine geben, aus dem sich die Vielheit entwickelt hat. Für Parmenides ist das Eine der Grund alles Seins. Als Bild dafür nimmt er die Kugel, die sowohl Geschlossenheit als auch vollendete Fülle darstellt. Heraklit hat einen etwas anderen Begriff vom Einen. Für ihn verbindet es alle Gegensätze miteinander. Das Gegensätzliche ist aus einem Einheitsgrund entstanden. Platon führt diese Gedanken weiter. Seine Philosophie kreist um die Beziehung des Einen zum Vielen und des Vielen zum Einen. Augustinus hat diese Gedanken aufgegriffen, wenn er der Ansicht ist, dass alles Vielfältige, auch alle Menschen, aus Gott, dem einen Grund alles Seins, hervorgegangen ist. Augustinus sieht aber nicht nur – wie vor allem die griechischen Theologen vor ihm – auf die Einheit Gottes und das Problem, wie der dreieinige Gott zugleich Eins sein kann. Er bedenkt auch das Einssein der

Menschen. Sie sind aus dem einen Grund Gottes hervorgegangen, leben aber heute in Situation, die Augustinus mit *dispersio* (Zerstreuung), *discissio* (Spaltung), *distentio* (Auseinanderklaffen), *dissimilitudo* (Verschiedenheit) beschreibt. Und so besteht die Aufgabe der Menschen, sich auf den einen göttlichen Ursprung hin zu sammeln. Indem sich die Menschen ihres Ursprungs aus dem Einen bewusstwerden, können sie auch miteinander eins werden.

Lukas betont in der Areopagrede, die er dem Paulus in den Mund legt, die Einheit Gottes, ähnlich wie die stoische Philosophie sie lehrte. Doch dann bezieht er sich auch auf das Einssein der Menschen. Gott »hat aus dem Einen das ganze Menschengeschlecht erschaffen, damit es die ganze Erde bewohne« (Apostelgeschichte 17,26). Viele Exegeten übersetzen hier: Er hat aus einem einzigen Menschen das ganze Menschengeschlecht erschaffen. Doch das hieße, einem Monogenismus das Wort zu reden. Das ist ihm fern. Er bezieht sich vielmehr auf die griechische Philosophie des Einen, des *to hen*. Das Eine bezieht sich auf den Kosmos: Wir sind aus dem gleichen Sternenstaub erschaffen wie der Kosmos. Daher gibt es eine wesentliche Einheit mit allem, was ist: mit dem Kosmos, den Pflanzen, den Tieren und mit allen Menschen. Wenn wir um diese Einheit mit allem Sein wissen, gehen wir anders mit dem Kosmos, den Pflanzen und Tieren und den Menschen um. Wir fühlen uns eins mit allem, was ist.

Benedikt schreibt von Einssein im Kapitel über den Abt. Der Abt soll alle gleich behandeln. Und als Begründung gibt Benedikt an: »Denn ob Sklave oder Freier, in Christus sind wir alle eins und unter dem einen Herrn tragen wir die Last des gleichen Dienstes« Regel Benedikts 2,20). Im lateinischen Text steht hier: *unum sumus*. Das entspricht den Einsichten der griechischen Philosophie. Wir sind nicht einer (*unus*), sondern eins. Benedikt bezieht sich hier auf eine Stelle aus dem Galaterbrief: »Ihr alle, die ihr auf Christus getauft seid, habt Christus (als Gewand) angelegt. Es gibt nicht mehr Juden und Griechen, nicht Sklaven und Freie, nicht Mann und Frau; denn ihr seid alle einer in Christus Jesus« (Galater 3,27f).

Paulus spricht von »Einer«, Benedikt von »Eins«. In der Tiefe sind wir alle eins miteinander, weil wir dem Einen Herrn dienen. Den Dienst für den Einen Herrn betont Benedikt auch in seinem Kapitel über die Aufnahme fremder Mönche: »Wir dienen doch überall dem einen Herrn und kämpfen für den einen König« (Regel Benedikts 61,10). Dieser Dienst verbindet uns miteinander. Zweimal schreibt Benedikt davon, dass die Mönche zur gemeinsamen Lesung »*in unum occurrentibus*«, dass sie ins Eins zusammenkommen und erst, wenn sie »*in unum positi*«, zu Einem versammelt sind, sollen sie die Komplet singen. Es braucht also die Erfahrung von Einssein, damit sie gemeinsam auf das Wort Gottes hören und in der Komplet gemeinsam die Psalmen singen.

Die Kirchenväter haben das Thema des Einsseins gerade beim gemeinsamen Chorgebet immer wieder thematisiert. Im Einlassen auf den einen Ton werden die vielen eins. Die Psalmodie hat die Macht, so verschiedene Menschen, wie die Mönche sie darstellen, zu einem einzigen Tun und in einen einzigen Klang zu sammeln. Johannes Chrysostomus, einst Bischof von Konstantinopel (354–407), meint, das Psalmensingen vereine alle miteinander: Junge und Alte, Reiche und Arme, Frauen und Männer, Sklaven und Freie (vgl. Patrologia Graeca 63,468).

Ambrosius, ein anderer Kirchenvater, ist überzeugt, dass der Psalmengesang die miteinander verbindet, die zerstritten sind. Er hat die Kraft, eine große Volksmenge in einem einzigen Chor zu vereinen. Augustinus schließlich staunt darüber, dass beim Chorgebet viele miteinander singen und aus den vielen einer wird. Für ihn erfüllt sich darin die Bitte Jesu, dass alle eins seien (vgl. Johannes 17,21). So ruft Augustinus auf: »*In uno estote, unum estote, unus estote!* – Seid in einem, seid eins, seid einer!« (Patrologia Latina 35,1489).

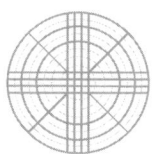

Die Erfahrung, dass die Menschen durch das Singen oder auch Musizieren eins werden, machen viele, die im Chor singen. Der argentinisch-israelische Pianist und

Dirigent Daniel Barenboim gründete das »Orchester des West-östlichen Divans«, dessen eine Hälfte aus Palästinensern und andere Hälfte aus Israelis besteht, damit sie beim gemeinsamen Musizieren das Einssein erfahren. Wenn man miteinander musiziert, kann man nicht gegeneinander kämpfen. So könnte gerade die Musik ein guter Weg sein, in unserer Gesellschaft Spaltungen aufzulösen und die Menschen miteinander zu versöhnen.

Die Erfahrung des Einsseins ist für mich aber auch im persönlichen Miteinander wichtig. Lukas hat das für mich auf wunderbare Weise beschrieben, als Maria und Joseph ihren zwölfjährigen Sohn drei Tage lang in Jerusalem suchen, weil er nicht mit ihnen nach Nazaret zurückgekehrt ist. Als sie ihn schließlich im Tempel finden, sagt Maria zu ihm: »Kind, wie konntest du uns das antun? Dein Vater und ich haben dich voll Angst (oder auch: voller Schmerzen) gesucht« (Lukas 2,48). Doch Jesus antwortet verständnislos: »Warum habt ihr mich gesucht? Wusstet ihr nicht, dass ich in dem sein muss, was meinem Vater gehört?« (Lukas 2,49).

Maria versteht nichts von dem, was Jesus sagt. Aber sie bewahrt alle Worte in ihrem Herzen. Im Griechischen steht hier *remata*. Das bedeutet zugleich Worte und ein Geschehen, also die Situation, in der Jesus die Worte gesprochen hat. Es gibt eine ähnliche Stelle in der Weihnachtsgeschichte, denn Maria bewahrt die Worte, die die Hirten ihr gesagt hatten, ebenfalls in ihrem Herzen.

Lukas nutzt hier aber das Wort *synterein*. Es bedeutet: zusammensehen. Maria sieht die Worte der Hirten zusammen mit ihrem Kind in der Krippe. Die Worte deuten ihr das Geschehen. Und so versteht sie durch die Worte der Hirten ihr Kind besser. Doch bei dem, was Jesus ihr sagt, kann Maria nichts zusammensehen. Daher benutzt Lukas hier das Wort *diaterein*. Es bedeutet: durchsehen. Maria sieht also durch die Worte Jesu und durch das ganze Geschehen hindurch, das sie nicht versteht, auf den Grund ihrer Seele. Hier fühlt sie sich eins mit Jesus. Das ist für mich ein schönes Bild: Wenn Eltern ihre pubertierenden Kinder absolut nicht verstehen, dann sollten sie wie Maria durch all das chaotische Verhalten und durch ihre aufgewühlten Gefühle hindurch auf den Grund ihrer Seele schauen. Dort sind sie eins mit dem Sohn, der ganz andere Wege geht, mit der Tochter, die sich von den Eltern abgewandt hat. Und von dieser inneren Einheit her können sie darauf hoffen, dass auch ein bewusstes Einssein irgendwann wieder möglich wird. Sie geben die Einheit nicht auf.

Auch in der Partnerschaft ist es gut, sich immer wieder auf dieses innere Einssein zu besinnen. Gerade wenn man miteinander streitet oder wenn man sich entfremdet hat und sich gerade nicht gut versteht, ist es hilfreich, darum zu wissen, dass wir in der Tiefe eins sind. Die Differenzen, die wir gerade haben, können dieses Einssein nicht zerstören. Wenn wir uns mitten im Streit oder in einer schwierigen Phase, in der wir uns nicht verstehen, auf das Einssein auf dem Grund unserer Seele besinnen, relativiert sich der Streit, und das Nichtverstehen lastet nicht mehr so schwer auf uns. Im Kopf und vielleicht auch im Herzen verstehen wir uns nicht. Aber das Einssein in der Tiefe unserer Seele bleibt. Das gibt Hoffnung, dass wir auch wieder in unserem Denken und Fühlen, in unserem Sprechen und Tun eine gemeinsame Basis finden.

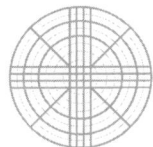

Das ist für mich ein wichtiges Bild: In der Tiefe sind wir Menschen alle miteinander eins. Doch auf der bewussten Ebene gibt es viele Differenzen, die wir oft nicht überbrücken können. Es gibt Streit, Konflikte, Meinungsverschiedenheiten, Kämpfe gegeneinander. Wir sollten durch all diese Differenzen hindurchschauen in den Grund unserer Seele. Dann bewirkt all dies keine Spaltung. In der Tiefe fühlen wir uns trotzdem eins. Wir dürfen darauf hoffen, dass dieses Einssein auf dem Grund unserer Seele auch dazu führt, dass ein Einssein auf der bewussten Ebene möglich wird.

Das Einssein hat immer auch eine spirituelle Dimension. So definiert Evagrius Ponticus: »Ein Mönch ist ein Mensch, der sich von allem getrennt hat und sich doch mit allem verbunden fühlt« (Evagrius Ponticus, Über das

Gebet, Kap. 124). Und: »Ein Mönch weiß sich eins mit allen Menschen, denn immerzu findet er sich in jedem Menschen« (Evagrius Ponticus, Über das Gebet, Kap. 125). In der Stille komme ich in den inneren Grund der Seele. Und dort fühle ich mich eins mit allen Menschen.

Bei Meditationskursen machen die Teilnehmer oft die Erfahrung: Sie kennen die anderen gar nicht, die mit ihnen im Raum schweigend sitzen. Aber das Schweigen verbindet die Menschen. Und auf einmal spüren sie ein tiefes Einssein. Viele sprechen dann von einer beglückenden Erfahrung. Und indem sie von dieser Erfahrung sprechen, spüren sie, dass sie sich in der Tiefe ihrer Seele nach diesem Einssein sehnen. Denn oft genug leiden sie darunter, dass sie sich getrennt fühlen von den Menschen, dass sie auch in sich oft zwiespältig sind. Indem sie die Einheit mit anderen Menschen erfahren, ahnen sie auch etwas davon, wie es sich anfühlt, mit sich selbst eins zu sein. Dann hören sie auf, Bereiche von sich selbst abzuspalten oder zu verdrängen. Im Schweigen fühlen sie sich eins mit sich selbst und mit den anderen. Und dieses Einssein erzeugt einen tiefen inneren Frieden.

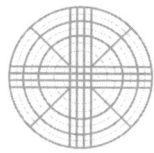

Von diesem Einssein zwischen allen Menschen hat Thomas Merton in seiner Ansprache vor Vertretern verschiedener Religionen am 25. Oktober 1968, wenige Tage vor seinem Tod, gesprochen. Er schließt seine Ansprache mit den Worten:

»Die intensivste Art der Kommunikation ist die Kommunion. Sie geschieht ohne Worte. Sie findet jenseits von Worten und jenseits der Sprache statt, jenseits aller Planung. Dabei werden wir keine neue Einheit entdecken. Wir werden eine uralte Einheit finden. Meine lieben Brüder, wir sind diese Einheit bereits. Aber wir meinen, sie noch nicht erreicht zu haben. Und das ist es, was wir wiederfinden müssen; unsere ursprüngliche Einheit. Was wir sein müssen, sind wir bereits« (Merton, Asiatisches Tagebuch 188).

Die Einheit, von der Thomas Merton spricht, bezieht sich vor allem auf die Einheit, die Vertreter aller Religionen auf dem Grund ihrer Seele spüren. Sie ist tiefer als das Reden über die theologischen Grundlagen. Beim Sprechen sollten wir, so meint Thomas Merton, die Unterschiede respektieren: »Es gibt Unterschiede, die nicht zu diskutieren sind, und es ist eine unnütze, dumme Versuchung, wenn man versucht, solche Unterschiede auszudiskutieren. Lassen wir sie stehen bis zu einem Zeitpunkt, an dem das gegenseitige Verständnis weiter gewachsen ist« (Merton, Asiatisches Tagebuch 197).

Nach seinem Vortrag in Kalkutta hat Thomas Merton alle Anwesenden eingeladen aufzustehen und sich an der Hand zu nehmen. Dann formulierte er spontan ein

Gebet: »O Gott, wir sind eins mit Dir. Du hast uns eins gemacht mit Dir. Du hast uns gelehrt, dass Du in uns wohnst, wenn wir füreinander offen sind. Hilf uns, diese Offenheit zu erhalten und für sie mit unserem ganzen Herzen zu kämpfen.«

Und er schließt das Gebet mit den Worten: »Erfülle uns mit Liebe und lass uns in Liebe verbunden sein, wenn wir jetzt unserer Wege gehen, vereint in diesem einen Geist, in dem Du in der Welt lebendig bist, der Dich zum Beweis jener letzten Wirklichkeit macht, die Liebe ist. Liebe hat es geschafft. Liebe hat gesiegt. Amen« (Merton, Asiatisches Tagebuch 199).

Heute ist die Einheit gerade im Umgang mit den verschiedenen Religionen überlebensnotwendig für unsere Welt. Denn in den letzten Jahren waren es gerade religiöse Strömungen, die sich gegenseitig bekämpft haben. Es ist ein falsches Verständnis von Religion, wenn eine gegen die andere kämpft. So ist es wichtig, die Einheit in der Tiefe unserer Seele zu erfahren, damit wir auch auf der bewussten Ebene gut miteinander umgehen können. Dabei helfen uns die Aussagen der griechischen Philosophen, die dann von den christlichen Kirchenvätern übernommen worden sind: dass das Eine die Grundlage alles Seins ist und das das Eine Gott selbst ist. Daher kann es nur einen Gott geben, zu dem wir alle aufsehen, auch wenn wir verschiedene Bilder von ihm haben.

Thomas Merton betont immer wieder, dass gerade der spirituelle Weg die Menschen dazu befähigen sollte, das empirische Ich zu überschreiten und sich eins zu fühlen mit allen Menschen. Er sagt von diesem spirituellen Menschen: »Er ist in gewisser Weise zu einem ›kosmischen‹ und ›universalen‹ Menschen geworden. Er hat eine tiefere Identität und Ganzheit erreicht als diejenige auf der Ebene seines begrenzten Ich, die nur ein Bruchstück seines Seins darstellt. Er ist in gewissem Sinne mit allen eins geworden« (Merton, Im Einklang mit sich und der Welt 123). So hat gerade die Spiritualität eine wichtige Aufgabe in unserer zerrissenen Welt. Sie soll die Menschen befähigen, sich auf dem Grund ihrer Seele eins zu fühlen mit allen anderen Menschen. Das schafft bei all den Spaltungen, die heute durch die Gesellschaft gehen, Hoffnung auf Versöhnung und Gemeinschaft.

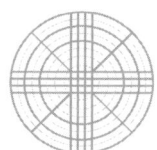

Das Bewusstsein, dass wir in der Tiefe eins sind, sollte nicht nur im Blick auf die Religionen gelten, sondern auch in Bezug auf alle Menschen, ganz gleich welcher Kultur, welcher Hautfarbe, welcher Nation sie angehören. In der Tiefe sind sie eins. Alle haben die gleiche Würde. In allen wohnt Gott. Daher haben wir gerade in unserer globalisierten Welt die Verantwortung, dass jeder zu seinem Recht kommt. Heute betonen wir oft zu sehr die Verschiedenheit. Wir überlegen, wie wir uns voneinander abgrenzen können, wer zu unserer Gemeinschaft dazugehört und wer nicht. Wenn wir uns in der Tiefe eins fühlen, lösen sich diese Verschiedenheiten auf. Sie sind nicht mehr wichtig. Die Mönche haben für mich heute die Aufgabe, dieses Einssein zwischen Menschen verschiedener Hautfarben, Nationen und verschiedener Herkunft vorzuleben. Das geschieht nicht ohne Anstrengung. Es ist ein ständiger Weg, allen das gleiche Recht zuzugestehen.

Für Benedikt ist das ganz wichtig, dass alle gleich behandelt werden: Der Abt »ziehe nicht den Freigeborenen einem vor, der als Sklave ins Kloster eintritt« (Regel Benedikts 2,18). Und »der Abt soll alle in gleicher Weise lieben, ein und dieselbe Ordnung lasse er für alle gelten« (Regel Benedikts 2,22). Was Benedikt den Mönchen empfiehlt, wäre auch eine gute Einladung für uns, wie wir mit den Menschen in unserer Umgebung umgehen, dass wir keine Unterschiede machen in unserer Zuwendung, dass wir dem Flüchtling genauso freundlich begegnen wie dem Firmenchef, dass wir um unsere innere Einheit wissen und so eine Kultur des Miteinanders schaffen, die verbindet und eint anstatt zu spalten.

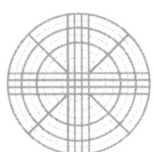

Das Einssein bezieht sich aber nicht nur auf die Menschen. Gerade die ökologische Bewegung hat uns sensibel dafür gemacht, dass wir auch eins sind mit der ganzen Schöpfung. Wir sind aus dem gleichen Sternenstaub gebildet wie der Kosmos. Die Erfahrung dieser inneren Einheit zwischen Menschen und Kosmos lässt uns behutsam umgehen. Denn in allem finden wir uns selbst wieder.

Und für eine spirituelle Ökologie, wie sie der brasilianische Theologe Leonardo Boff vertritt, finden wir in allem, was ist, auch Gott. Denn alles ist von Gottes Geist durchdrungen, alles ist von Gottes Liebe durchtränkt. Die Erfahrung dieses Einsseins mit der Natur, mit der Materie, den Pflanzen und Tieren ist zugleich eine Gotteserfahrung. Leonardo Boff zitiert in diesem Zusammenhang ein Wort Jesu, das im koptischen Thomasevangelium steht und von dem viele meinen, es stamme wirklich von Jesus selbst: »Ich bin das Licht, das alles überstrahlt. Ich bin das All selbst. Alles ist aus mir entsprungen und zu mir zurückgekehrt. Spaltet das Holz – und ich bin da. Hebt den Stein auf – und ihr werdet mich finden« (Thomasevangelium 77, in: Koller/ Ebert).

Das Wissen, dass Christus alles in allem ist, führt zu einem achtsamen Umgang mit allem und führt wirklich zu einer geerdeten Spiritualität, wie sie der hl. Benedikt in seiner Regel vertritt.

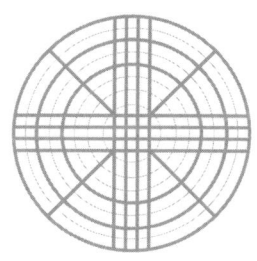

# Schlussgedanken

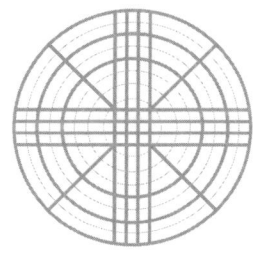

Benedikt gibt uns in seiner Regel viele Anregungen, wie Gemeinschaft heute gelingen kann. Und die Erfahrungen, die die Benediktiner seit 1500 Jahren mit ihrer Regel gemacht haben, kann uns helfen, diese Anregungen auch in unsere Zeit hinein zu übersetzen. Die menschlichen Gemeinschaften wie Unternehmen, Vereine, Kirche, politische Parteien, aber auch Familien und Freundeskreise können die Regel Benedikts nicht wörtlich befolgen. Aber wenn sie sie bewusst auf dem Hintergrund ihrer eigenen konkreten Situation lesen, werden sie doch viele Hinweise finden, wie das Miteinander auch heute in unserer individualisierten Welt gelingen kann. Dabei ist Benedikt sich bewusst, dass es keine ideale Gemeinschaft geben kann. Er überfordert uns nicht mit moralischen Appellen und macht uns kein schlechtes Gewissen, wenn unser Miteinander nicht so gut ist, wie es sein könnte oder sollte. Er lädt uns vielmehr ein, uns immer wieder von Neuem auf den Weg zu machen, einander zu verstehen, miteinander gut umzugehen und in der Tiefe unserer Seele das innere Einssein zu erfahren.

Es ist ein Übungsweg, auf dem wir nie stehen bleiben dürfen. Auf diesem Übungsweg zu einem guten Miteinander werden wir immer wieder scheitern oder unsere Grenzen erfahren. Und wir werden nie ans Ziel kommen, sodass wir sagen können: Jetzt haben wir eine ideale Gemeinschaft. Gerade wenn wir meinen, dass wir uns doch wunderbar verstehen – in der Familie, in der Firma, in der Kirche –, erleben wir Rückschläge. Doch wir sollten uns dann immer wieder neu auf den Weg machen, weiterzusuchen. Und auf diesem Weg dürfen wir immer wieder einmal die Erfahrung machen, die der Psalmist so gut zum Ausdruck bringt: »Seht doch, wie gut es ist und wie schön, wenn Brüder beieinander wohnen in Eintracht! Es ist wie köstliches Öl auf dem Haupt, das niedertrieft auf den Bart, den Bart des Aaron, das niedertrieft auf den Saum seiner Gewänder« (Psalm 133,1f).

Wir können diese Erfahrung nicht festhalten. Aber wenn wir sie manchmal voller Dankbarkeit machen dürfen, wächst in uns die Hoffnung, dass dieses Glück des einträchtigen Miteinanders immer wieder einmal erfahrbar werden wird. Und um dieses Zieles willen lohnt es sich, an einem guten Miteinander zu arbeiten. Die Regel des hl. Benedikt und die Erfahrungen, die Mönche seit 1500 Jahren mit ihrer Gemeinschaft gemacht haben, wollen uns auf diesem Weg stützen und stärken.

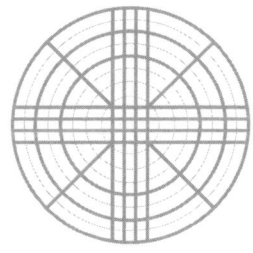

# literatur

Augustinus, In Ioannis evangelium tractatus CXXIV, in: Patrologia Latina, Band 35, herausgegeben von Jean-Paul Migne, Paris 1845.

Marc Aurel: Wege zu sich selbst, Frankfurt 2009.

Marc Aurel: Des Kaisers Marcus Aurelius Selbstbetrachtungen, Stuttgart 1971.

Rudolf Backofen: Tao Te King. Text und Einführung. München 1970.

Werner Beierwaltes: Hen, in: Reallexikon für Antike und Christentum 14, 445–472.

Die Regel des heiligen Benedikt, herausgegeben im Auftrag der Salzburger Äbtekonferenz, Beuron, 4. Auflage 2005.

Die Benediktsregel. Eine Anleitung zu christlichem Leben, Der vollständige Text der Regel übersetzt und erklärt von Georg Holzherr, Einsiedeln, 7. Auflage 2007.

Johannes Chrysostomus, Homilia prima, in: Patrologia Graeca, Band 63, herausgegeben von Jean-Paul Migne, Paris 1862.

Erich Fromm: Haben oder Sein. Die seelischen Grundlagen einer neuen Gesellschaft, Stuttgart 1976.

Anselm Grün: Chorgebet und Kontemplation, Münsterschwarzacher Kleinschriften, Band 50, Münsterschwarzach, 4. Auflage 2015.

Anselm Grün: Glückseligkeit. Der achtfache Pfad zum gelingenden Leben, Freiburg im Breisgau, 2. Auflage 2007.

Anselm Grün und Leonardo Boff: Neu denken – eins werden. Gott erfahren im Menschen und in der Welt, Münsterschwarzach 2017.

Anselm Grün und Fidelis Ruppert: Christus im Bruder. Benediktinische Nächsten- und Feindesliebe, Münsterschwarzacher Kleinschriften, Band 3, Münsterschwarzach, 8. Auflage 2019.

Anselm Grün und Alois Seuferling: Benediktinische Schöpfungsspiritualität, Münsterschwarzacher Kleinschriften, Band 100, Münsterschwarzach, 4. Auflage 2015.

Romano Guardini: Tugenden. Meditationen über Gestalten sittlichen Lebens, Würzburg 1963.

Hans Jonas: Das Prinzip Verantwortung. Versuch einer Ethik für die technische Zivilisation, Frankfurt am Main 2003.

Dietrich Koller und Andreas Ebert: Verborgene Jesusworte. Meditationen zum Thomasevangelium, Münsterschwarzach 2013.

Thomas Merton: Asiatisches Tagebuch, Zürich 1987.

Thomas Merton: Im Einklang mit sich und der Welt, Zürich 1992.

Evagrius Ponticus: Über das Gebet. Tractatus de oratione, eingeleitet und übersetzt von John Eudes Bamberger, aus dem Englischen übertragen von Guido Joos, mit einer Einführung von Anselm Grün, Quellen der Spiritualität, Band 4, Münsterschwarzach, 2. Auflage 2017.

Richard Rohr und Andreas Ebert: Das Enneagramm. Die neun Gesichter der Seele, München, 49. Auflage 2019.

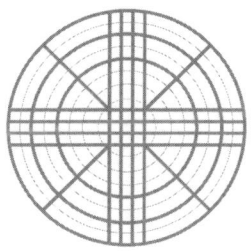

Bibliografische Information der Deutschen Nationalbibliothek

Die Deutsche Nationalbibliothek verzeichnet diese
Publikation in der Deutschen Nationalbibliografie.
Detaillierte bibliografische Daten sind im Internet über
http://dnb.d-nb.de abrufbar.

1. Auflage 2020
© Vier-Türme GmbH, Verlag, Münsterschwarzach 2020
Alle Rechte vorbehalten

Lektorat: Marlene Fritsch
Umschlaggestaltung: Finken & Bumiller, Stuttgart
Umschlagmotiv: Ljupco Smokovski / shutterstock.com
Druck und Bindung: Pustet, Regensburg
ISBN 978-3-7365-0320-5

www.vier-tuerme-verlag.de